心を燃やす
Message to ignite their passion
説教を目指して

基礎的知識と準備の実際
Basic principles and practice of sermon preparation

松原 智 著
Matsubara Satoru

りことば社

目次

第二部　説教準備の実践編

はじめに

みなさんには、憧れの人がいますか?

私は小学生の時、少年野球チームに入っていました。憧れのプロ野球選手がいて、彼のバッティングフォームをまねしました。そうすれば、ヒットをたくさん打てるようになると思ったからです。その選手のバットの構えから打ったあとまでの写真が掲載された野球雑誌を見つけて買い、同じフォームをマスターしました。しかし、完全コピーしているのに、思うように打てません。ある日、監督に「ちゃんとボールを見ているか?」と聞かれました。確かに憧れの選手のフォームでバットを振ることに気持ちがいっていて、あまりボールを見ていませんでした。そのくせ「あの人のフォームなのだから、きっとヒットを打てる」と思っていたのです。その日以降、フォームを意識しながらも、ボールをしっかり見てバットを振ると、不思議とヒットを打てるようになっていきました。バッティングにおいてフォームは重要です。しかしそれ以上に、ボールを見ることはもっと大事なことです。

同様のことが、信仰生活においてもいえるのではないでしょうか。

聖書を読み、祈り、賛美すること、神の家族と一緒に礼拝することは、信仰生活において必須です。しかし最も大切なことは、それらを通して、神と出会うことです。それはイエスを信仰の目でしっかりと見るということです。イエスを心の目で見つつ、聖書を読み、祈り、賛美し、神の家族と一緒に礼拝する時に、私たちはイエスと出会い、親しい関係をもつことができます。その時、野球でいうならばヒットを打てるように、クリスチャンとして実を結び、「神と人を愛する」生き方ができるようになるのです。

説教においても、同じことがいえるでしょう。十分な準備をし、提示の仕方に細心の注意を払い、形をしっかりと整えることは必須です。しかし、そのようなフォームを固めつつ、最も大切なことはイエスを信仰の目ではっきりと見ることです。イエスと交わり、みことばをしっかり聞いたうえで、十分な準備をし、形を整えて、語るのです。

「むしろ、心の中でキリストを主とし、聖なる方としなさい。あなたがたのうちにある希望について説明を求める人には、だれにでも、いつでも弁明できる用意をしていなさい。ただし、柔和な心で、恐れつつ、健全な良心をもって弁明しなさい。そうすれば、キリストにあるあなたがたの善良な生き方をののしっている人たちが、あなたがたを悪く言ったことを恥じるでしょう」

（Ｉペテロ３・15〜16）

キリストとしっかりとした関係をもったうえで、ベストを尽くしてみことばを語ることが勧められています。手紙の著者ペテロは、イエスの一番弟子を自称していたようですが、実際にイエスが捕らえられ、裁判にかけられると、イエスとの関係を「知らない」と三度も否定しました。それでも、復活したイエスは彼に、ご自身の羊を飼い、牧するというチャレンジをお与えになりました。イエスの昇天後、ペンテコステに聖霊を注がれたペテロは福音を語り、その日、誕生した教会を牧する者として歩み始めました。

この手紙は、悪意からくる非難と攻撃を受けていたクリスチャンに対して、ペテロが慰めと励ましを与えるために書いたものと推測できます。13〜17節では、神を心から信じて歩むクリスチャンに対して、脅かしに負けず、神と共に歩む中で、福音をしっかりと分かち合う備えをし、実践するように勧めています。その備えとは、以下の三点です。

①　**「心の中でキリストを主とし、聖なる方としなさい」**

たとえ外からの攻撃に遭ったとしても、最も大事なことは、私たちの心の中、その中心に何があるかということです。つまり心の中で、イエスを主とし、聖なる方としてあがめているかが問題なのです。その思いは当然、心の中だけでとどまることはなく、あふれていきます。別の言い方をするなら、自分が小さくなり、キリストが心から大きくあふれ出るのです。

②　**「あなたがたのうちにある希望について説明を求める人には、だれにでも、いつでも弁明できる用意をしていなさい」**

ここでいう「希望」とはイエス・キリストの十字架の贖いと復活という福音です。私たちはいつでもこの福音という希望を語る備えをしていなくてはなりません。これは個人伝道にとどまらず、神のことばを語る説教についてもいえることでしょう。説教には十分な備えが必要です。聖書の中にある希望のメッセージを明確にし、会衆にわかることばで伝えること、聞く人の頭と心に届くことを祈りつつ、備えるのです。

私の母教会はユニークな在り方で、信徒が三十人になると二つに分かれ、一つ一つの群れを「チャペル」と呼びます。普段は十～三十人で礼拝をしますが、定期的に全チャペルが合同で礼拝をし、多い時は十六チャペルで三百人ほどが集まっていました。そのような教会で育ち、高校一年生で受洗した私は、牧師から、「救いの証しを基にした伝道的説教をそれぞれ五分、十分、十五分、三十分にまとめ、聖書に挟んでいつも持ち歩いて用いるように」と指導していただきました。高校三年生の時に献身の思いが与えられ、初めての説教をしました。大学一年からは一つのチャペルで月に一回、説教をするようになり、大学卒業後、教員をしていた時は月に二、三回、説教を担当しました。二十三歳の九月から教会スタッフになり、二十四歳の四月から聖契神学校で学び、二十七歳の三月に卒業し、一九九九年四月、十名ほどのメンバーと「笹塚キリスト教会」を設立し、現在に至っています。

牧師になりたての頃、尊敬する牧師から、「良い説教をする以上に、人生を変える説教をするというビジョンをもちなさい」と言われました。その方が語る説教を通して人生が変えられる経験をしていた私は、「そのような説教をする者になりたい」と願い、祈りつつ奉仕をさせていただくようになりました。

信徒時代、教会スタッフ時代も合わせると、現時点（二〇二一年三月末）で説教の回数は千三百回は超えており、教会学校・祈り会なども合わせるなら三千回は超えているでしょう。

改めて、「人生を変えるような説教をしているか」と問われるなら、「はい。できています」とは決して言えず、むしろ、「神様、私に説教させるのは、ハイリスク・ローリターンです」と言わざるをえない者であることを自覚しています。人生を変えるのは、神ご自身であることは明白です。しかし私自身、説教者として、会衆が神に触れられて人生が変えられることを願いつつ、備えをし、ベストを尽くすことを心から願って奉仕しています。

③「柔和な心で、恐れつつ、健全な良心をもって弁明しなさい」

イエスを心の中心にお迎えし、主に満ちあふれていただくことを願いつつ備えをし、みことばを語る時、「どのように語っているか」ということも当然、問われてきます。つまり語り方です。それは演技ということではありません。神との関係を深めたうえで、会衆のために祈りつつ備えるならば、当然、神の愛と情熱によって語る者とされるのです。

私は二〇一〇年度から聖契神学校で「説教学A」を担当しています。前年の十二月二十八日に夢を見ました。説教している夢でした。おそらく説教学を担当することがプレッシャーになっていたのでしょう。夢の中で私は、一生懸命説教しているのに真剣に聞いていない会衆に怒りを覚え、少し聞いてくれるようになると、今度は会衆の知的な関心に訴えたりテクニックを用いたりして、聞き続けてもらうことに懸命になっていました。そこで目が覚め、ホッとしました。起きてお茶を飲み、心を落ち着かせて再び寝ると、夢の続きを見たのです。「これは神のことばです。あなたを変える力あることばです。どうぞ真剣に聞いてください」と語りながら号泣する夢で、目を覚ますと私は涙を流していました。リビングで一人、「この夢には何か意味があるのだろうか」と考えていると、「夢の意味はわからないが、誰よりも全身全霊でことばを語られたのはイエス様ではないか」という思いが心に迫ってきました。その時、魂を注ぎ出すように語られたイエスご自身から情熱を頂き、「みことばをまっすぐに語る者としてほしい」という祈りに導かれました。

本書は、私が神学校の授業で扱ってきた内容をまとめたものです。第一部では説教奉仕を行うための基礎的な知識について、第二部では実践的な説教準備について記しています。

読者の中には、説教について学んでいる神学生、説教のブラッシュ・アップを目指す牧師・伝道師、説教の奉仕を行うよう導かれている信徒など、いろいろな立場の方がおられるでしょう。どのような立場でも大切なことは、心から神をあがめ、神の愛に感動し、福音を弁明する最善の準備をし、神の愛と情熱に満たされて神の働きへと導かれていくことです。そのために、イエスをしっかりと心の目で見たうえで、説教のフォームを整えていただくことを願っています。

あるプロスポーツ選手の話です。彼はその道で決して一流の道を歩いてきたわけではなく、センスだけでプロになったものの、実際にプロの世界に入ると、自分に基本がないことに気づいたそうです。そこで一年目は「とにかく基本をマスターしよう」と決め、走り込みと筋力トレーニングをし、コーチから徹底的に基本のフォームを学びました。二年目は、自分のタイプを踏まえたうえで、理想とする選手を定め、一年目に固めたフォームを土台に、理想の選手のフォームを意識しました。三年目は、基本のフォームと憧れの選手のフォームに、自分の個性を取り入れたそうです。結果、彼はそのスポーツの世界で記録と記憶に残る選手になっていきました。

説教においても、基本をまず身につけ、そのうえで神にあって「自分らしさ」をしっかり表現し、神のすばらしさが輝き出る説教を語る者になりたいと心から願います。

第一部

説教の基礎編

Ⅰ　説教とは

私が初めて礼拝説教をしたのは、母教会の伝道所で十七歳の時でした。二十七歳で牧師となり、三十八歳から聖契神学校で説教学を担当しています。私の人生を語る時、「説教」ということばは切っても切り離せないと思っています。

「私から情熱を取ったら、つまらないジョークしか残らない」と私は常々言ってきました。しかし四十歳の時、知力・体力の低下に伴い、それまでできていたことができなくなり、思ったとおりにならない状況に、自分から情熱が去っていくように感じました。まさに「つまらないジョークしか残らない」という、ジョークにならないような状況に陥ってしまいました。

鬱々としながらインターネットで、ある英語の説教をボーッと聞いていた時のことです。「万軍の主の熱心がこれを成し遂げる」（イザヤ９・７）とのみことばが引用され、「あなたから情熱が去っても、情熱の神はあなたから去らない」というメッセージが語られました。その時私は、自分の力で何とかしようとした結果、どうにもできない状況に陥っていることに気づきました。私の心に神を悲しませる罪があったことを悔い改めて、情熱の神であるイエスを心の中心にお迎えしました。すると不思議に平安が与えられて、情熱の神が心を燃やしてくださる恵みを改めて体験することができました。

ここでは、神のことばを取り次ぐ説教者と聞く会衆が、共に心が燃やされる「説教」とはどういうものなのかを詳しく見ていきます。

新約聖書における説教とは

最初に質問ですが、聖書に「説教」ということばは出てくるでしょうか。あるなら、どの箇所かご存じですか。たとえば新改訳聖書では、私が調べたかぎり「ヨナの説教」（マタイ12・41、ルカ11・32）という二か所だけです（他の日本語訳ではこの二か所も使用されていないかもしれません）。ただこの「ヨナの説教」は現在の「礼拝説教」というより、未信者に対する伝道説教・宣教といったほうがよいかもしれません。

では、礼拝における説教は後世のキリスト教文化の中から生み出された伝統なのでしょうか。そうとはいえないでしょう。イエスの時代にも、ユダヤの会堂では安息日ごとに聖書（旧約）の朗読と、その説明がなされました（ネヘミヤ8・1〜8、ルカ4・15〜22）。それは中間時代（旧約聖書が完結した時から新約聖書が記し始められるまでの時代）に確立したといわれています。

初代のユダヤ人キリスト者たちもその伝統を引き継いだと考えるならば、キリスト教会における礼拝説教は新約聖書の時代には、すでに始まっていたといえるでしょう。今に至るまでに形式の変化はあったでしょうが、聖書が読まれ、メッセージが語られるという本質的なことは継承されてきたのです。

新約聖書の原語であるギリシア語で「説教」を示唆するいくつかのことばから、「説教に必要な五つの要素」をまとめてみます。

説教に必要な五つの要素① 福音宣教（宣言）

●「ケリュッソー」～宣べ伝える（マルコ1・14、使徒8・5、20・25等）

「公に宣言する」、つまり伝令。競売人が大声で力強く叫ぶように、イエスや使徒たちが声高く、公に人々に対して語ったことが、この語の真意です。その際大事なのは「宣べ伝える」内容であり、それは「キリスト」、そしてキリストの「福音」、また、キリストによってもたらされる「神の国」とまとめることができるでしょう。

●「ケリュグマ」～使者の勧告、告知（マタイ12・41等）

新約聖書における「ケリュグマ」は、使者が告知するメッセージと理解されています。説教の主たる役割は、神から託された福音（イエスの十字架と復活による救いという良い知らせ）を使者の伝令のように語ることであるといえます。

●「ユーアンゲリゾー」～福音を語る（ルカ3・18、9・6、使徒8・25等）

「良い知らせをもたらす」「良い知らせを告げる」との意味があり、「我が軍は勝利した」などの勝利、「我々の新しい王が生まれた」という王子の誕生など、喜びの知らせを伝える行為です。ですからこのことばの真意は、「喜びのメッセージを語る」、イエスの救いというグッドニュースを喜びをもって語ることといえるでしょう。名詞の「ユーアンゲリオン」は「福音」を意味します。

●「マカリオス」～祝福の宣言（マタイ5・3～11等）

神による「幸せ」の宣言であり、イエスを信じる者が体験する祝福を意味します。イエスが語られたメッセージは、聞いて信じる者に、神による変化という祝福を体験させる力があります。

説教とは、イエスによる福音、すなわち罪を悔い改めてイエスを信じる者は罪赦され、永遠のいのちが与えられるという祝福の宣言です。

「礼拝は基本的にはクリスチャンが多く出席する。そのような礼拝において『福音宣教』は必要なのか」という意見があるかもしれません。確かに福音を届けるべきはノンクリスチャンですが、しかしクリスチャンも福音を聞き続けることが大切です。なぜならイエスの福音こそ私たちに救いをもたらし、神の子として成長・成熟に導かれるために必要なメッセージだからです。福音の深さを知る時、ますます福音に生きる力がわき上がってくるのです。

また、福音を宣言することは、神の子としてのアイデンティティーの確立のためにも必要です。「私はこの福音によって救われ、今、神の子として生かされている」という確信を強固にされることが、神の子としての成長・成熟の土台となるのです。「あなたは救われている、祝福されている」との宣言を受けて、私たちは神の子としてのアイデンティティーを確立して生きていきます。

説教に必要な五つの要素② 教育

● 「ディダスコー」～教える（マタイ4・23、マルコ1・21、ヨハネ7・14、使徒18・11、25等）

教える側が手を差し出し、それを受ける側がしっかりと受け止めるという、教える側と受ける側のコミュニケーションがイメージされていることばです。これは「教育」の基本ともいえるでしょう。

さらに「告げる」「教授する」「論証する」「指示する」との意味もありますが、これらは一方的な行為ではなく、そこには双方のコミュニケーションがあります。受ける側が示されたことをしっかり理解し、その教えに生きることができるように導くのが、教える側に必要な配慮です。

キリスト教会では、クリスチャン一人一人と教会が整えられ、成長・成熟に導かれるための、「ディダケー」（教え）が語られる必要があります。

●「ソフィア」～知恵を語る（マタイ12・42、13・54、Ⅰコリント1・30等）

「ソフィゾー」～賢くする、さとくする、教える（Ⅱテモテ3・15等）

聖書には、「知恵文学」と呼ばれる書も含まれているように全体に神の知恵があふれています。その神の知恵を語り、聞く者を賢くするということが、このことばの真意でしょう。人間の知恵に基づいた、この世の価値観をすべて否定する必要はありませんが、時にそれが神の知恵に反する場合もあります。そのような中で、この世の価値観を超えた神のことばとその知恵を聖書から示すことが必要なのです。

●「パラボレー」～たとえで語る（マタイ13・3、10、13、24等）

難しい真理を説明するにあたって、聞き手が理解しやすいように語られるのがたとえです。イエスはたとえを多用されました。伝えたいメッセージを聞く側がイメージしやすくするためであり、理解が深まるためでした。

「説教において、例話は必要ないのではないか」という意見があるかもしれません。しかし説教には「教育」の要素があります。説教者と会衆のコミュニケーションとして、聞き手が理解できるように伝えることとは教育的な配慮といえます。神の教え、知恵のことばをしっかりと受け止めて生きることを促すために、具体的にイメージできるたとえが用いられるのです。

説教に必要な五つの要素③　奨励

●「パラカレオー」～勧める（使徒2・40、16・40、Iコリント1・3～5等）

「呼び入れる」「求める」「奨励する」などの意味がありますが、そこには「慰め」と「励まし」によって聞き手に行動を起こさせるという真意があります。

たとえば、倒れている人に上から「頑張れ」と言っても、頑張れないから倒れているのであって、必要なことは、その人に共感して「慰め」ることではないでしょうか。時至って立ち上がり、歩きだすために、「励まし」も必要になるでしょう。

●「ホミレオー」～親しく語り合う（ルカ24・14～15、使徒24・26）

イエスの説教はまさに「親しく語り合う」ものでした。もちろん聴衆に向かって話されたことも多々ありますが、その時も、そこにいた一人一人と一対一の関係をもつように語られたと推測できます。特に弟子たちは「イエス様は、まさに私に語っておられる」と受け止め、そのおことばによって生かされていたのです。

私は牧師になる前、学校の教員をしていました。大学生の時、教育実習に行く前に教授から、「クラスに生徒が三十人いても、一対三十の関係ではなく、三十人と一対一の関係をもつように」と言われました。これは教員時代にも、今なお牧師としても、一つの大事な価値観となっています。そこには一方通行ではないコミュニケーションがあるということです。説教学は英語で homiletics といいますが、語源はギリシア語の「ホミリア」で「会話、対話」などの意味があるといわれています。説教者が語り、会衆が心で反応する「対話」が説教には必要なのです。

● 「プロフェテイア」～預言（マタイ13・14、Ⅰペテロ１・20～21等）

旧約聖書において、預言者は「神からことばを預かって民に語る人」でした。民に悔い改めと信仰を促す役割が彼らにはありました。完成した聖書が与えられている現代では、説教者は聖書から神のことばを語ります。神が聖書からことばを預け、説教者がそれを語るという意味で、説教は「預言的」であり、そこでは悔い改めと信仰の促しが語られることになります。

説教とは聖書に基づいて、弱っている者を慰め、さらにみことばに生きるように励ますものですが、祈りの中で聖霊の助けを受け、会衆の一人一人に悔い改めと信仰を促す時でもあるのです。もちろん、これらは牧会において行われることがらです。しかし、説教も牧会の一つですから、神の民に属する一人一人に、神のことばを通して悔い改めと信仰、そして慰めと励ましという牧会的な奨励をなすのです。

説教に必要な五つの要素④　証言

●「マルテュレオー」～証言する（ヨハネ5・31、使徒26・22等）

もともと法律用語として使用されていたことばであったらしく、裁判の席で証人が過去の出来事に対して証拠を申し述べる行為を示唆しています。

イエスと出会い、信じた人たちはイエスについて証言しました。それは「イエス様こそ救い主である」との証言であり、自分自身が体験したことがらでした。まさに彼らはキリストの「証人」（マルテュス）でした。

「殉教者」を意味する英語の「マーター（martyr）」は、ギリシア語の「マルテュス（証人）」に由来しています。殉教は結果ですが、そこにはイエスについて、自分がイエスと出会ってどのように変えられたのかという命がけの証言があったのです。

殉教するかどうかは別として、説教とは、命をかけて私たちを愛してくださったイエスとイエスのことばを命をかけるようにして証言することです。イエスが救い主であるという証言とともに、説教者自身がイエスを信じ、みことばを通して変えられ、今に至っている証しが必要であり、その意味で説教は「ライフ・メッセージ」です。説教者自身が、イエスとの関係において生活の中で体験したことを、命をかけて語り続けるのであり、イエスとの関係からあふれ流れてくる証しなのです。

そのような意味でも、説教は、原語の説明や研究発表や講演ではなく（もちろん原語の釈義・解釈や歴史的・文化的なことがらを研究することは必須ですが）、説教者自身が神との親しい関係を深めたうえでの命があふれる証言でなければなりません。

説教に必要な五つの要素⑤　想起

●「アナムネーシス」～想起する（ルカ22・19、Ⅰコリント11・24～25等）

かつてのことば・出来事を思い出させて、真理を示す方法です。たとえばパウロは、Ⅰコリント11章の「主の晩餐」に関する議論で、読者がすでに知っている、キリストが渡される夜の物語を想起するように求めています。

説教とは、かつて神が語られたことばやなされたみわざを想起して、そこにある神の意図を会衆がしっかりと受け止め、その神に信頼するように導くものということができるでしょう。そのためには説教者自身が、みことばを深く思い巡らし、神の意図を受け止め、会衆に想起を促すように語ることが求められます。

まとめ

説教には、福音宣教（宣言）、教育、奨励、証言、想起という以下の要素が必要になります。

① イエス・キリストの福音の明確な提示と、信じる者に神の祝福があることの宣言。

② 信じた者がさらに神のことばをしっかり聞き、受け止め、みことばに生かされ、生きるように導く教育。

③ 神の子として成長・成熟に導かれるために必要な慰めと励ましという奨励。

④ 説教者自身が体験した恵みを分かち合う証言。

⑤ 上記のすべての要素を通して、会衆が神と神のことばを深く思い巡らし、応答するための想起。

「これら五つの要素をすべて一回の説教に入れなければならないのですか？」と疑問をもつかもしれませんが、実際に説教の奉仕をする中で、五つの要素がすべて欠かせないことに気づくはずです。もちろん説教箇所によっては特に強調される要素があるでしょう。大切なのはバランスです。これらの欠かせない要素を意識するならば、その時々で適切なバランスをとり、より明確に神のメッセージを取り次ぐことができます。

Ⅱ　歴史における説教の変遷

イエスと使徒たちが神のことばを語った新約時代以降の歴史において、「説教」がどのように扱われてきたのかを見ます。

宗教改革前（古代〜中世）

新約聖書において説教の本質は明らかにされていますが、初期の説教者は技術には気を遣わなかったともいわれます。たとえばパウロは、「私のことばと私の宣教は、説得力のある知恵のことばによるものではなく、御霊と御力の現れによるものでした。それは、あなたがたの信仰が、人間の知恵によらず、神の力によるものとなるためだったのです」（Ⅰコリント2・4〜5）と言っています。説教は、人間的な知恵、説得力、テクニックによるものではないとも受け止められます。しかしパウロがここで言いたいのは、それが「御霊と御力の現れ」であり、「神の力による」ということです。それによって神のことばが前進したというのです。ですから、人間的な知恵、説得力、テクニックが全否定されていると受け止めるのは行き過ぎでしょう。パウロが記した手紙には、彼の培ってきた学問が役立っているのを見ることができるからです。神が、それを用いさせたのです。パウロに与えられた知恵、説得力、テクニックを含めて、彼の宣教は「御霊と御力の現れ」「神の力による」といわれているのです。

その後、パウロやヨハネの影響を受けた人々が指導者となり、説教が語られていきました。二世紀以降はエジプトのアレクサンドリアから多くの有名な説教者が輩出され、哲学、修辞学、弁証法などの影響を受ける説教者も登場しました。特にオリゲネス（一八五年頃～二五四年頃）に至っては比喩的解釈の傾向が強く、以後の多くの説教者に影響を与えました。その中でもアウグスティヌス（三五四～四三〇年）によって、中世キリスト教会に比喩的解釈が深く浸透したといわれています。

コンスタンティヌス帝がキリスト教を公認したことにより、四世紀初頭以降、教会は基本的には平穏無事で発展の一路をたどりました。同時に安逸に慣れ、宗教改革前には、説教は儀式の陰に隠れてすっかり影を潜め、福音はスコラ哲学の影響を受けていのちを失います。異教の哲学や知識が聖書に読み込まれ、教会の伝承などが付加されて、聖書が破壊されてしまったともいわれます。

宗教改革における説教

宗教改革は「『聖書』と『説教』の運動であった」と言う人がいるほど、プロテスタント教会の礼拝は神のことばに貫かれています。宗教改革者たちはまず聖書を自国語に翻訳し、礼拝において自国語の聖書を開き、力強く朗読しました。説教を礼拝の中心として、イエス・キリストによる恵みを語りました。それゆえ宗教改革を、「説教の改革」と呼ぶ人もいるほどです。前述のように中世において力を落としていた説教が、宗教改革を通して再び重要なものとされたのです。

中でもマルティン・ルター（一四八三～一五四六年）は神のことばを語る説教を非常に重要視し、そのうえで会衆の状況も踏まえて説教しました。聖書のことばが記された時の状況におけることばの意味をしっかりと調べて提示し、同時に会衆の現実に適用したのです。みことばが記された「その時・そこで」と、説教が語られる「この時・ここで」を明確にしたわけです。そんな彼の説教は「キリスト中心」的でした。

フルドリッヒ・ツヴィングリ（一四八四～一五三一年）は聖書の原典研究に力を入れ、キリスト教信仰の基準を「聖書のみ」と捉えました。宗教改革の枠を超えて社会変革を願い、それを実践しました。

ジャン・カルヴァン（一五〇九～一五六四年）は聖書の講解にこだわりました。教育的要素が強いその講解は、彼が聖霊の導きと信じてなされたものでした。

上記の三人は宗教改革の中心的な人物であり、説教を重んじたことはいうまでもありませんが、説教についての捉え方は若干違っていました。ルターは、説教で語られることばは、説教者という「人間のことば」であると同時に「神のことば」であると捉え、説教者が語る時、「その声は神の声である」と言いました。ツヴィングリは、説教はキリストに対する人間の証言であり、聖霊によって与えられる真の内なる神のことばを求めるよう会衆を促すものであるとしました。彼は説教を、あくまで「人間のことば」と捉えていたようです。カルヴァンは、人間である説教者が聖霊に導かれて「神のことば」を語り、会衆も聖霊に導かれて「神のことば」を聞くと考えていたようです。

宗教改革以後（〜現代）

宗教改革以後、現代までで特に注目すべき説教者と説教の傾向を見てみましょう。

ジョン・ウェスレー（一七〇三〜一七九一年）は、巡回説教者として活躍しました。それゆえ連続した講解説教ではなく、一回で完結する「テーマ説教」が多いのが特徴です。メソジスト運動を推進する中で、「聖化」を強調しました。

チャールズ・スポルジョン（一八三四〜一八九二年）は説教を重んじ、説教者の育成に力を入れました。彼の説教の特徴は「キリストを語る」ことでした。説教の内容と語り方のすべてにおいてベストを尽くすことで、神の栄光を現すことを目指しました。

大衆伝道者のＤ・Ｌ・ムーディー（一八三七～一八九九年）は、ＰＲ活動をして人々を集め、大伝道集会を行いました。例話や証し、物語を用いて、人々の心に語りかけるスタイルを確立したといわれています。ビリー・グラハム（一九一八～二〇一八年）も大伝道集会を行いました。「聖書はこう言っている」とストレートに、聖書のことばを機関銃のように語る説教を行いました。

二〇世紀中頃からアメリカではテレビ説教者が出現し、インパクトのある、目に見える祝福を強調する説教が流行しました。

そのような変遷を経て現在、説教は多様化し、連続講解説教、物語説教、聞きやすく実生活に役立つ説教、決まった枠組みで語るテーマ説教など多岐にわたっています（何が良いかの判断は読者にお任せします）。

まとめ

歴史を通じて感じることは、いつの時代も説教は基本的に聖書から語られていますが、「どのように語るか」に関しては多岐にわたっているということです。ただ大枠では以下のようにいえるでしょう。

① 宗教改革までは比喩的解釈の影響力が強く、哲学、修辞学など当時流行していた弁証法的アプローチが用いられていました。

② 「聖書」にこだわる宗教改革で、説教に関する改革もなされました。当然、聖書に忠実に語ることが

基本となり、そこから文法的解釈、歴史的解釈、さらに神学的解釈、キリスト論的解釈が重要視されました。「その時・そこで」の解釈を明確にしたうえで、「この時・ここで」というリアリティーをもった適用を語る説教が確立し、今に至っています。

③ プロテスタント教会では、宗教改革において確立された説教の在り方を土台にしながら、会衆に神のことばをより理解してもらうために、多くの努力がなされてきました。現代人に理解してもらおうと変えてはならない聖書の内容を変えてしまったり、行き過ぎた解釈に走ったり、テクニカルなことに力点が行き過ぎてしまったりということもあるでしょう。逆に、聖書を語ることの偏った理解によって原語釈義（言語本来の意味）に固執し、解釈（それが今日ではどういう意味をもつか）を十分せずに適用も会衆に任せるという、「説教」と「講義」をはき違えている説教者もいるようです（このような方を説教者と呼んでよいのかも疑問ですが）。

では、改めて私たちが目指すべき「説教」とは、どのようなものなのでしょうか。

Ⅲ　心を燃やす説教とは

Ⅰでは、新約聖書の原語であるギリシア語の「説教」を示唆することばから、説教に必要な五つの要素をまとめました。Ⅱでは、新約聖書以後の時代から今日に至るまで、説教がどのように捉えられ、語られてきたかを振り返りました。ここでは改めて、イエスがどのように説教されたのかを見ていきましょう。

福音書のイエスの説教は、旧約聖書の説明と解釈、大事なテーマの掘り下げ、たとえや実物レッスンのような生活の中から語られたものなど、バラエティーに富んでいます。しかし突き詰めるなら、聖書からご自身にフォーカスを当て、聞く者が心燃やされて生きるように導くことばを語られたのです。

そのことがルカ24章13～53節に記されています。

ここにはクレオパともう一人の弟子が登場します。彼らは十字架にかかったイエスが復活したとの知らせを聞きましたが、信じきれずに落胆しながらエマオへの途上にいました。そんな二人の弟子をイエスは見捨てず、ご自身から近づいてくださいました。彼らをさばくのではなく、歩調を合わせ、愛をもって受け入れ、包み込むようにして一緒に歩いてくださったのです。

　そのうえで旧約聖書からご自身について語り、彼らがイエスによる救いを体験するように導かれました。二人はその方がイエスだと気づかないまま、もっと話を聞きたいと願いました。夕食の席でその方がイエスだと気づいた時、主のお姿は見えなくなりましたが、「道々お話しくださる間、私たちに聖書を説き明かしてくださる間、私たちの心は内で燃えていたではないか」（32節）と言い合いました。イエスのことば、聖書のことばに心燃やされ、失望に満ちていた心が希望で満たされたのです。

　彼らはまさにイエスのことばによって心燃やされ、そして燃やされ続けました。肩を落としてとぼとぼと歩いてきたエマオまでの道のりを、復活のイエスと出会ったことによってスキップするような思いでエルサレムに引き返したのです。不信仰から踏み直し、希望によって生きる再出発をするように、「私たちは復活のイエス様と会った」と仲間たちに喜びの宣言をしたことでしょう。そこに再びイエスが現れ、弟子たちの真ん中に立って、「平安があなたがたにあるように」と祝福し、初代教会のさきがけのような麗しい共同体を体験させてくださいました。

　ここで改めて注目したいのは、イエスが彼らに、「ああ、愚かな者たち。心が鈍くて、預言者たちの言ったことすべてを信じられない者たち」（25～27節）とおっしゃったことばです。これは責めているというより、自分が「心の鈍い者」であること、つまり神を悲しませている罪があることを認め、悔い改めて、聖書のことばを聞くように導くためのことばであるといえるでしょう。そしてイエスのことばを聞いた時、彼らの心は燃やされたのです。イエスは旧約聖書からご自身についての証言を教え、福音を明らかにして慰めと励ましを与えました。彼らは、その後何度もこの時のことを想起したでしょう。

このイエスのアプローチから、特に三つのことを見ていきます。

①　釈義→解釈→適用

イエスはまず旧約聖書を説明し、「ご自分について」明らかになさいました。それによって二人の弟子の心は燃やされ、イエスのすばらしさを伝える者とされました。イエスは聖書の真意を明らかにし、そのことばに生きる動機を与えてくださったのです。

私たちは聖書をしっかり調べ、特に原語で読んで意味を理解し（釈義）、そのうえでそのことばの真意を明らかにし（解釈）、神の意図を語る必要があります。その時会衆は、みことばに対する応答を示すことができるのです（適用）。

②　神学的～キリスト論的

イエスは聖書全体から、ご自身にフォーカスを当てて語りました。

今日的にいえば、説教は「神学的」であることが求められているということです。取り上げる聖書テキストがたとえ十節であったとしても、「聖書全体の中の十節」という視点をもち、その箇所が聖書全体の中でどのような意味があり、その箇所独特の神学的テーマが何かを理解するのです。「聖書全体の中の、その箇所」が明確になることによって、聖書が伝えるメッセージが結晶化されます。

そしてイエスが「ご自身について」明らかにしたように、そのメッセージは「キリストによる救い」といえるでしょう。「キリスト論的解釈」ということもできます。突き詰めれば旧約聖書は「きたるべきメシア」について、新約聖書は「救いを成し遂げたメシア」について記されているといわれるほど、「キリストが中心」です。聖書から語れば、おのずと「キリスト」にたどり着きます。決してこじつけではなく、神の意図を理解するならば、自然とキリストにフォーカスが当たるのです。

③ 主題・主意

イエスは、不信仰の中にいた二人の弟子が悔い改めて、イエスによる救いを体験し、心燃やされて生きることを願い、ことばを語られました。彼らはみことばによって心燃やされて、イエスのすばらしさを分かち合って生きる者とされました。

説教においても、神が語られたい意図、テーマ、主題があり、そこには私たちを導こうと願っておられるゴール、主意があります。「主題」（テキスト・テーマ）とは、その聖書テキストで扱われているテーマであり、「主意」（テキスト・ゴール）とは、そのテキストによって導かれる具体的適用のことです。

まとめ

イエスは不信仰の中にいた二人の弟子にご自分から近づき、旧約聖書からキリストであるご自分にフォーカスを当てて語り、彼らを悔い改めに導きました。心を燃やされた彼らは、失望を払拭するように喜びながら道を引き返し、復活のイエスとの出会いを仲間と分かち合い、人生が変えられました。まさにここに私たちが注目すべき、説教のモデルがあります。

説教とは、会衆一人一人に近づいてくださるイエスの救いを体験して、みことばに動機づけられて生きるよう導くものです。そのために神は説教者を用いてくださいます。ですから説教者は、聖書テキストの釈義・解釈から真意を明らかにし、適用を提示します。神学的な視点をもって、特にキリスト論的解釈を念頭に置き、テキストのテーマとゴールを明確にして語る必要があるのです。

Ⅳ「説教とは」～私の定義

私自身、信徒の時代も合わせると説教の奉仕をさせていただいて三十年になります。牧師になって二十年、神学校で説教学を担当して十年。しかし、まだまだ「説教とは」とまとめることに躊躇があります。それでも、これまでの経験から言えることは、

「説教とは、
　神が神の民に語りたいと願っておられるメッセージを、
　説教者がまず聖書から聴き、
　説教者と神との親しい関係からあふれ出てくる、
　神の民へのライフ・メッセージである」

ということです。

①「神が神の民に語りたいと願っておられるメッセージを」

説教は、あくまでも「神が語りたいと願っておられることば」です。説教者は神に選ばれて、みことばを取り次ぐ奉仕をさせていただくのです。ですから心に留めておくべきは、「神は伝えたいメッセージをもっておられる」「神はそのメッセージを、説教者を用いてご自身の民に語りたいと願っておられる」ということです。当たり前のことですが、説教は「神」から始まります。

②「説教者がまず聖書から聴き、説教者と神との親しい関係からあふれ出てくる…ライフ・メッセージ」

神が神の民に語りたいと願っておられることばを、まず説教者自身が聴くことが必要です。いわば説教者は「ファースト・リスナー」です。神のことばを聴き、深く思い巡らし、十分な備えをする中で、自分自身がみことばの中にある恵みを体験し、それを生活感のあることば、自分のことばで伝えるのです。

③「神の民への」

説教とは、神の民、つまり教会に対して神が語りたいと願っておられることばです。さらに説教者は、神によって民からも、その奉仕を委託されています。そのことを自覚したうえで、十分に祈り、神が伝えたいメッセージを神の民がわかることばで語ることが必要です。

以上のことを踏まえて、みなさんもぜひ「自分にとって説教とは」を考え、オリジナルの定義をまとめてみることをお勧めします。

まとめ

① ここまで読んで、改めて「自分にとって説教とは」をまとめてみてください。
② 本書を読み終わった時、改めて「自分にとって説教とは」をまとめてみてください。
③ その後、何年かに一度、「自分にとって説教とは」をまとめてみてください。

そのように向き合う中で、ますます説教について理解を深めることができるでしょう。

第二部

説教準備の実践編

I　説教者とは

私は幼い時、吃音で、人前で話すことをひたすら避けていました。学校の授業で、「この問題わかる人、手を挙げて」と言われても、ある時まで一度も手を挙げたことがありませんでした。といっても、普段の学校生活では友達と楽しく会話していました。そのような様子を見ていた担任の先生が、小学四年生の私に一つのチャレンジを与えてくれました。学芸発表会で行う劇の主役のオーディションを受けるようにというのです。「ありえない」と思いました。

その劇の物語は、ある国に外国人のきこりが迷い込むところから始まります。主役であるきこりが、舞台となる国で人々が理解できないことばを話すという設定でした。きこりは、みながわからないことばを適当に発すればよい（逆にいえばみなが理解できることばを話してはいけない）というのです。先生は普段、友達とは楽しそうに話している私が人前でも話せるようになるため、この劇の主役にトライすることを勧めてくれたのでした。私はオーディションに受かり、舞台の上で適当に大きな声を発し、主役を演じることができました。これがきっかけとなり、少しずつですが人前で話すことが苦でなくなりました。私のことを愛の目をもって観察し、「ここ」というタイミングで声をかけ、チャレンジを与えてくれた先生のおかげです。私の人生に大きな変化のきっかけをつくってくださいました。

イエスは、それ以上の変革を私の人生に与えてくださったお方です。愛をもって私を見つめ、語りかけ、神のことばを人々の前で語る者として造り変えてくださいました。本当に神の不思議なみわざです。

説教者とは、ただ人前で話すのではなく、神に導かれて、神のことばを語らせていただく者です。「神に導かれる」こと、すなわち神の選びが必要です。牧師として立てられている人々は「召命」のみことばが与えられています。神のことばを語るようにと、神から選ばれているのです。

それとともに、牧師ではない人々も説教者として用いられることがあります。「今、教会に牧師がいないから」「牧師の休暇の時に」「神学生として」など理由はさまざまでしょうが、そのようなチャンスが与えられるなら、そこには神の許可があり、教会からの委託があるのです。

説教を託された説教者とは、どのような存在なのでしょうか。どのようなことに留意し、どのように働きを進めていけばよいのでしょうか。

「説教者」の定義

「説教とは、神が神の民に語りたいと願っておられるメッセージを、説教者がまず聖書から聴き、説教者と神との親しい関係からあふれ出てくる、神の民へのライフ・メッセージである」

これは第一部の最後に記した私の説教の定義ですが、これに沿うかたちで説教者について述べていきます。

1 「神が神の民に語りたいと願っておられるメッセージを」語る者

私たちを愛しておられる神は、その愛を表現し、理解してほしいと願っておられます。説教は、そのような神の愛を人々に伝える手段の一つです。ですから説教者は、「神が語りたいと願っておられることば」をしっかりと聴き、「神の口」として、みことばを神の民に語る存在です。留意すべきは、神が語りたいメッセージがある、語りたくてたまらない情熱をもっておられるということです。

2 「説教者がまず聖書から聴き、…神との親しい関係からあふれ出てくる…ライフ・メッセージ」を語る者

「神の口」として神のことばを語るためには、まず説教者自身がしっかりと神のことばを聴き、神との親しい関係をもつことが基本です。その中で神の民のために祈り、神が語りたいと願っておられることを受け止め、「ファースト・リスナー」としての自覚をもちながら、さらに神との親しい関係を深めるのです。このプロセスを通して、説教者の心にあふれるようなことばが与えられ、その実が「説教」となります。「子

育ては、両親のあふれる愛によってなされる」ということばを聞いたことがあります。説教者も、神との親しい関係が築かれ、御思いを知る中で、神の民に語るべきことばがあふれ出てきます。

3 「神の民への」神のことばを語る者

説教の機会が与えられたならば、神による選びと許可を自覚すると同時に、教会からの委託であるとの視点も大事です。また教会も、その人を「神のことばを語る」選びと許可を受けた人物であると受け止め、祈り、説教者として立てるという認識が必要です。神の選びと許可、教会からの委託によって、説教者は、自分を立ててくださっている神からことばを聴き、祈ってくれている民にメッセージを語るのです。

説教者としてもっておくべき自覚

1 神による権威

説教は、権威者である神の権威のもとで語られることが必須です。説教者は神が伝えたいメッセージを聴き、それを語ります。それとともに説教者には、みことばによる権威が与えられています。その確信をもたず、「…だと思います」「そうすることを神は願っておられるのではないでしょうか…」「そういう意味もあると推測できます…」と自信のない表現を連発してしまうと、説教自体の信憑性が疑われてしまうでしょう。何よりも、説教者を用いようとしてくださっている神に対する不信感にもつながりかねません。もちろん断定できないことがらを言い切るのは問題が生じるので、そこは慎重さが求められますが、しっかり神から聴き、祈り、確信を頂いて語る必要があります。

2　神による謙遜

確信をもって語るとは、「神による権威」が前提ですが、説教者自身はあくまで用いていただく存在です。神なしでは語ることができない存在であることをわきまえ、語らせていただくという受け身の姿勢が必要です。そのような謙遜な姿勢で神との親しい関係が深まる中で、「神によって語る」確信が与えられます。その姿勢は会衆の前でも問われます。「神に選ばれた特権階級の私が、神のことばを語ってやる」などという傲慢な説教者はいないまでも、心のどこかで「自分のほうが聖書のことを知っているのだから、会衆をしっかり教育しなければ」という上から目線があれば察知されます。神はそのような思いを悲しまれます。

ですから説教者は、いつも神の前に悔い改め、神との親しい関係をもち、会衆のために祈る中で、神の権威を頂きながら、なお神と人に仕える思いで説教させていただくのです。

3　神による責任

神の選びと許可のもとで語られるメッセージは、神の責任でなされるといえるでしょう。しかし同時に、そのメッセージを会衆がわかることばで語ることは説教者の責任だといえます。神のことばを語らせていただくのは大いなる特権であるとともに責任があることを覚え、神による権威と、謙遜さをもちつつ、「神から聞いたことばを、会衆が理解しやすいことばで語る」という責任感をもって奉仕に当たることが大切でしょう。

「説教者」の生活

下記のことはすべてのクリスチャンにいえることですが、「それでも、特に」説教者が心がけるべきことがらです。

1　日々神と共に歩んで生きる生活

説教者である前に、一人のクリスチャン、神の子であり、日々ディボーションなどを通して神のことばを聴き、日々、神を意識して生きることが必要です。神との親しい関係の中で、神の愛があふれるようにみことばがほとばしり出ることを神は説教者に期待しておられます。「万軍の主の熱心がこれを成し遂げる」（イザヤ9・7）とあるとおり、情熱の神が共にいてくださることによって、神の情熱を分かち合うことができるのです。

あるクリスチャンの俳優が、「私たち俳優はフィクション（作者の想像力によって作り上げられた架空の物語）をノンフィクション（事実に即して作られた物語）のように演じます。しかし牧師たちは、ノンフィクションをフィクションのように話している」と言ったそうです。実際にあった聖書の出来事を事実として体験し、その事実を真実として語る責任が私たちには与えられています。

そのために、日々神の恵みを体験することが必要ですが、特に説教をする前に、もう一度、十字架の前にひざまずく思いで、罪を悔い改めて力を頂きます。罪の悔い改めは重要です。私は毎晩、寝る前に「神様。知って犯した罪、知らずに犯した罪を赦してください。特に知らずに犯した罪について、教えてください。同じ罪を繰り返すことがないように」と具体的な悔い改めの祈りをします。

ある優れた説教者に会衆が、「今日の説教の準備に何時間かかりましたか？」と聞くと、彼はしばらく考えて「四十年」と答えたそうです。それは自身の年齢でした。彼は説教を「ライフ・メッセージ」と理解しており、「これまでの人生があるから、この説教がある」と言いたくて「四十年」と答えたのです。このことばは、神と共に生きる歩みの実が説教であることを示唆しています。

2　日々神の民と共に歩んでいる生活

説教者には、神の選びと許可とともに、教会の委託が与えられています。基本的に説教は、教会という神の民の集まりの中で語られるもので、本来、神を信じる共同体の中でなされる営みということができます。ですから説教者自身が、神の民と共に歩んでいることが必要です。具体的には、神の民と共に礼拝し、みことばを聴いて養われ、また、みことばの分かち合いをして、祈り合うということです。そこには神にあって慰め合い、励まし合い、愛し合う関係があり、そのような関係が深まる中で、神は説教者にご自身のことばを与え、神の民に語らせようとされるのです。

教会の方々との交わりが深くなっていくと、それぞれの状況がよくわかってくることで、時に語りづらく感じる場面もあるでしょう。「今、このことを言ってしまうと、あの人にはタイムリーすぎて、キャパシティーを超えてしまうのではないか」などの心配が生じたりします。また、ある人の問題をその人のことだとわかるように語ってしまう危険性もあります（以前、駆け出しの牧師がある人について当てこすりのようなことを語り、会衆の一部が立ち上がって出ていってしまったという話を聞いたことがあります。結果、牧師はその教会で奉仕ができなくなり、教会にとっても大きな傷となってしまったそうです）。

神から語るように示されているにもかかわらず、会衆の状況を知りすぎているがゆえに語ることを恐れたり、逆に説教者自身が会衆の特定の人を問題にするために説教を利用してしまったりということがなされるなら、教会は傷つき、誰よりも神が心を痛められます。そのようなことが生じるのは、説教者自身の神との関係と、神の民との関係がしっくりいっていないからです。神を中心とした関係を神の民と築きつつ、共に礼拝し、みことばを聴いて養われ、分かち合い、ことあるごとに祈り合うことが必要です。そのように日々神の民と共に歩み、慰め合い、励まし合い、愛し合うことによって、ますます神の民と歩調を合わせて生きることができます。

3　日々みことばに生かされ、生きる生活

説教者は、説教のために聖書を読むわけではありません。神の子として神のことばを聴き、みことばによって生かされ、主体的に神のことばを適用して生きていくことを心がけます。聴くだけでなく、みことばを生活の中で実践することが期待されています。時にディボーションの分かち合いで、「教えられた」「こう思った」ということばを多用する人がいますが、適用が乏しいということができるでしょう。聖書を知的に読むこと、知ることで満足してしまうと、生活にほとんど影響を及ぼしません。

説教者自身のディボーションがそのようなものであれば、会衆は説教に説得力を感じることができません。もちろんみことばの適用は人に見せるために行うことではありませんが、説教者自身がみことばによって生活を変えられていないなら、語ることばに説得力が乏しくなるといわざるをえません。それは神のことばの問題ではなく、説教者の問題です。

「子どもは親の背中を見て育つというが、牧師の子どもは親の顔も見ている」と先輩の牧師から言われたことがあります。多くの子どもたちは親が仕事をしている姿を見ることが少なくなってきていますが、その背中、つまり生き方を見ています。加えて牧師の子どもは親の説教をする顔も見ているので、つまずきやすいということです。

会衆も同様に見ています。わが子や会衆に見せるためにみことばを適用するのではありませんが、彼らは確実に説教者を見ているのです。神の前で誠実に生きることは、人の前でも誠実に生きることにつながっています。ですから聖書を通して神のことばをしっかりと聴き、祈りつつみことばを適用することが求められています。みことばに生かされ、生きる体験が説教に力を与えます。

以上のことを読み、「自分には到底、説教なんてできない」と思われた方もいるでしょう。私自身も、「自分もできていないのに、こんなことを書いてしまってよいのだろうか」という葛藤がないと言えばうそになります。実際に、「私はすべてのことをクリアしている」と言える人は誰もいないでしょう。しかし、そこからがスタートなのではないでしょうか。自分の不十分さを認めることから始めるのです。「神にとって不可能なことは何もありません」（ルカ１・37）とあるように、不十分な私を取り扱い、用いてくださる神に信頼したいと心から願います。

Ⅱ　説教のタイプ

私は今までさまざまな場所で説教をしてきました。路上、公園、結婚式場、葬儀場、ライブハウス、コンサートホール、公共施設、病院、学校、家、教会堂……。会衆が一人の時もあれば、五千人以上の人の前で話したこともあります。それぞれの状況によって語り方は変わってきます。説教の構造、タイプも変わります。状況に合わせて、適切な語り方、説教のタイプがあるのです。もちろん説教者自身の個性もあり、すべての人が、すべての説教のタイプに対応できるとは限らないでしょう。しかし自分の形に固執する前に、いろいろなタイプ、スタイルを学び、そのうえで「自分らしさ」を知っていくことが大切です。

多くの場合、自分の信仰が養われた教会の牧師の説教の影響を受けているものです。「その牧師のスタイルしか知らない」人も少なくはないでしょう。説教者自身のタイプと母教会の牧師のタイプが一緒ならばよいのですが、そうでない場合、問題が生じてきます。あるいは固定観念があって、その形以外は受け入れられないということもあるでしょう。

ここではいったんそれらを置いて、さまざまな説教のタイプについて見ていきましょう。

1　主題説教（Topical Sermon）

ある主題に基づいて、聖書から組織的・論理的・総合的に語る説教です。一つの聖書テキストを定め、そこから主題を抽出し、それを聖書全体から論じます。

教理を語るような説教においては非常に効果的です。伝道説教も「神・罪・救い」という流れをもつ主題説教といえます。結婚式・葬儀などでも、状況を踏まえて主題説教をすることができます。

主題説教の利点は、伝えたいメッセージが明確であることです。それをいかに論理的に提示するかが重要になります。これがうまくいかないと、単に「説教者が言いたいこと」と受け止められてしまいます。聖書テキストの文脈よりも、「テーマ」に重点がいきやすいので、しっかりと聖書テキストを調べて展開することが必要です。引用するみことばもテーマを援護するために用いると、「他の箇所を引っ張ってきて、自分の主張を説得させようとしている」といった誤解を与えてしまうので、細心の注意を払います。

しかし前述のように、テーマがはっきりしていて、それを明確に示すことが必要な状況においては効果的な説教です。

2　テキスト説教（Textual Sermon）

短いセンテンスを聖書テキストとし、そこにあるメッセージを伝える説教です。

具体的には、一、二節を聖書テキストとし、そのテキストを中心に語る説教で、十分前後の説教に適しているタイプです。

伝道説教などはこのタイプを用いる方が多く、「コンセプトを明確にし、コンパクトにまとめ、インパクトをもって語る」というスタイルに適しています。

聖書テキストが短く、コンパクトに語れる利点がありますが、あまりそれを意識しすぎると、そのテキストだけに意識がいき、聖書の文脈を無視してしまうおそれがあります。定期的に説教する状況において、このスタイルで毎回、違った書簡を扱うと、つまみ食い的になり、聖書全体という視点からバランスを崩してしまう可能性もあります。

説教者自身が「聖書全体の中のこの箇所」という意識をもって語るならば、状況においては非常に効果的です。

３　講解説教（Expository Sermon）

比較的長いひとまとまりの章節を聖書テキストとし、その文脈にあるメッセージを語る説教です。文法的解釈、歴史的解釈などを用いて丁寧に語りつつ、メッセージを示します。

「講解説教では、聖書テキスト以外のことは話さない。『おはようございます』といった挨拶も不要。例話や証しなども入れない」と言う方もいますが、講解説教でも挨拶をする方はたくさんいますし、例話や証しを用いたから講解説教ではなくなるということもありません（講解説教だから説教題をつけないという人もいるそうですが、それも説教者のタイプであって、講解説教とは関係ないでしょう）。説教に必要な「教育」の要素で取り上げたように、たとえを用いる（パラボレー）という説明の仕方もありますし、「証言」（マルテュレオー）はまさに証しであり、タイプにかかわらず説教に必要な要素だと私は確信しています。そのバランスを崩して、聖書テキストの釈義と説明で終わってしまうならば、それは聖書研究の発表会になってしまいます。

私としては、説教の必要要素である、福音宣教（宣言）、教育、奨励、証言、想起を意識し、神学的な視点をもちつつ、主題（聖書テキストで扱われているテーマ）と主意（聖書テキストが導きたいと願っているゴール、具体的適用）を明確にして語る講解説教のタイプを推奨します。

このタイプを、「バイブルリーディング」と呼ぶ人もいます。一般的にいわれている講解説教が「聖書のこの箇所を通して神が何を語っておられるか」であれば、「バイブルリーディング」は「神が聖書のこの箇所を通して『何々については』どう語っておられるか」という聖書の「全巻的解釈」の視点で行われるという捉え方です。

また、「連続講解説教」にもいろいろなタイプがあります。

●聖書テキストを十節くらいずつに分け、基本的にまんべんなく語るタイプ。

●毎回一章ずつ扱い、その章の中心的なところを重点的に扱うタイプ。

●一つの書簡について回数を決め、その書簡のテーマに沿って箇所を選んで語るタイプ（たとえば五十章ある創世記を十～十五回くらいで語るなど）。
●聖書全巻の講解説教。礼拝において三～五年かけ、創世記からヨハネの黙示録まで語るタイプ。

私自身は上記のすべてのタイプにチャレンジしています。二〇一七年四月～二〇二二年三月現在は、二〇一七年四月～二〇二二年三月の五年間で、毎日、聖書を約一章ずつ会衆がディボーションで読み、それに合わせた説教をしています（本来なら四年でできますが、私自身のスケジュールの都合や教会暦などを考慮して五年にしました）。このかたちでは一回の説教で七章前後を取り上げることになります。七章全体をダイジェストで見つつ、その中の中心的なことがらに重点を置いて語っています。

以上のことを踏まえて、本書では、テーマをもった講解説教を推奨します。実際的な説教の構造は以下の表を参考にしてください。
「はじめに」でも記しましたが、これらの基本を身につけたうえで、ぜひ「自分らしい説教」にチャレンジしてみてください。

基本的な説教の構造

説教箇所

説教題

主題

主意

中心聖句

アウトライン

　序論

　本論

　　Ⅰ

　　　①

　　　②

　　　③

　　　　※どこかに例話もしくは証し

　　Ⅱ

　　　①

　　　②

　　　③

　　　　※どこかに例話もしくは証し

　　Ⅲ

　　　①

　　　②

　　　③

　　　　※どこかに例話もしくは証し

　結論

　　・本論のまとめ

　　・本論を網羅する例話か証し

　　・結語

Ⅲ　状況に応じた説教

私は一時期、二つの教会の牧師を兼任していました。一つの教会は、会衆の平均年齢が六十歳以上の伝統的な雰囲気の教会で、もう一つは私が開拓した、比較的若い人たちが集まる教会でした。前者の教会で説教する時にはスーツを着て、比較的ゆっくりと落ち着いた雰囲気で説教をしました。後者の教会では、スーツ・ネクタイなしのカジュアルな服装で、コーヒーを飲みながら、パワーポイントを用い、ヘッドマイクで説教をしました。冗談で、「『松原さとし先生』と『松原さとる先生』と、二人いるようですね」（私は松原智〔さとる〕です）と言われるほどでしたが、それぞれの教会に応じたスタイルをとっていたわけです。

ここでは、説教が語られる十の「場面」とスタイルについて取り上げます。

1　礼拝説教

多くの場合、「説教」といえば「礼拝説教」がイメージされるでしょう。

礼拝では、神の愛を実感しつつ賛美と祈りをささげ、神のことばを聞いて応答し、それぞれの場に遣わされていくという流れがあります。「みことば」が重要視されるプロテスタント教会では、聖書からの説教にかなりの比重があり、牧師はその準備のために多くの時間を用いています。その説教において、福音宣教（宣言）、教育、奨励、証言、想起を意識し、神学的な視点をもちつつ、主題（聖書テキストで扱われているテーマ）と主意（聖書テキストが導きたいと願っているゴール、具体的適用）を明確にしてみことばを語るならば、神の主権の中で、会衆はそれぞれにふさわしい応答をします。

ただ、礼拝にも以下のようなさまざまな異なるスタイルがあります。その礼拝スタイルによって、説教のタイプも、ゴールが異なってきます（ポール・バスデン著『現代の礼拝スタイル』〔キリスト新聞社〕参照）。

①　リタージカル・スタイルの礼拝

儀式の内容が整えられた、組織立てられている礼拝です。教会暦を重んじ、三年サイクルの「聖書日課」などに基づいた聖書朗読をし、それに沿って説教を語るといったスタイルです。説教の傾向としては、情緒的というより知的なアプローチ、また伝道的というよりも社会的アピールを示すことが多いようです。

②　リヴァイヴァリスト・スタイルの礼拝

感情に強く訴え、神の臨在を「感じる」礼拝です。賛美、説教、回心者の招き（もしくは「収穫」）という流れで、「音楽が人々を立ち上がらせ、説教がノックアウトする」ようなスタイルです。伝道的説教、もしくは献身を促すような説教が多いようです。

③　トラディショナル・スタイルの礼拝

リタージカル・スタイルの礼拝と、リヴァイヴァリスト・スタイルの礼拝のミックスです。教団・教会の伝統に基づいた礼拝プログラムで、説教の傾向は十節ほどの聖書テキストを取り上げる連続講解説教です。特に「聖書」の説明が中心になる傾向があります。

④　プレイズ・アンド・ワーシップ・スタイルの礼拝

現代的な賛美を用いながら流れるように礼拝を進めます。説教はテキスト説教、主題説教の傾向ですが、連続講解説教でテーマをもって語る説教も少なくないようです。

⑤　シーカー・サービス・スタイルの礼拝

「求道者対象型」との意味です（「求道者配慮型」〔シーカー・センスィティブ〕ともいわれます）。求道者を意識して、会衆の生活における「切実なニード」を取り上げ、テキスト説教、テーマ説教、特にテーマに基づいたシリーズでなされる説教が多いようです。

２　伝道説教

教会によっては定期的に、「伝道礼拝」、または「伝道集会」を行います。呼び方は「特別礼拝」「歓迎礼拝」「オープン礼拝」などさまざまで、クリスチャンでない方を誘い、キリスト教に触れていただく集会です。そこで語られるのは、「伝道説教」といわれるイエス・キリストの福音であり、その一つのかたちとして「神・罪・救い」という提示の仕方があります。

しかし、ゴールをどこに置くかによって説教のスタイルも変わってきます。

①「その日、イエス様を信じてほしい」という場合は、やはり「神・罪・救い」のような提示で福音を明確に語ります。

②「続けて教会に来てほしい」という場合には、「続けて礼拝に来る」「教会の集会に来る」「聖書を読む」「聖書の学びを始める」などゴールを細分化します。そして、キリスト教に興味をもってもらうこと、「また来たい」と思ってもらうことを念頭に「キリスト教入門」や「入門の入門」のようなファースト・ステップとなる説教を語ります。

3　結婚式説教

キリスト教式の結婚式は、式次第に沿って行われます。祈祷、賛美、結婚に関する式辞、結婚の誓約、宣言がなされ、説教、祈祷、賛美、頌栄、祝祷と、多くの場合、礼拝プログラムに準ずる流れとなります。そのため、結婚式も礼拝式と受け止め、福音宣教（宣言）、教育、奨励、証言、想起という五つの要素を意識しながら、特に「神による結婚」、つまり神学的視点をもって語ることが必要です。神の愛によって愛し合うといった適用を語ることも大切でしょう。

しかし、新郎新婦ともクリスチャンである場合、一方だけがクリスチャンである場合、二人ともクリスチャンではない場合があるので、それぞれに応じて内容を配慮します。親族や列席者への配慮も同様です。

教会堂で行う場合には時間的に余裕があり、十五～二十分ほどの説教ができますが、ホテルのチャペルなどで行う場合には、式自体が三十分以内で、説教は五～十分ということも少なくありません。そのような中でも、神が定めた結婚と、神の守りの中での結婚生活について聖書から語り、神が伝えたいと願っておられることばをすべての列席者に向けて伝えることが必要です。特に日本においては、結婚式に列席する多くの方がクリスチャンではないケースが多く、そのような中で聖書の「神の愛」を語ることができるのは感謝なことです。新郎新婦がクリスチャンである場合には、二人の救いの証しや結婚に導かれた証しなども説教に入れると、新郎新婦にとっては祝福の確認の時となり、列席者に対する良い証しの時となります。

教会では、結婚式の数か月前に婚約式が行われることが多いでしょう。主日礼拝のあとに行われる場合と、別の日程の場合がありますが、特に別日程の婚約式の多くは、結婚式に準ずるプログラムで行われます。その時は、結婚式の説教に準ずるかたちで、神の愛によって愛し合うことを聖書から語るとともに、結婚と婚約を混同せずに、神が喜ばれる婚約期間を歩むように勧めます。

4　葬儀説教

キリスト教式の葬儀は式次第に沿って行われ、多くの場合礼拝プログラムに準ずる流れとなります。ですから、葬儀も礼拝式と受け止め、福音宣教（宣言）、教育、奨励、証言、想起という五つの要素を意識しながら、特に「神こそいのちの源であること」、つまり死生観を神学的視点から語ります。

故人崇拝のようになることを避け、神の摂理の中で今があり、クリスチャンであった故人の信仰とその証しを語りつつ、そこにある神の導きと恵みについて聖書から語ります。ただ、故人がクリスチャンでなかった場合は配慮が必要です。

特に葬儀の説教は、故人のためではなく、ご遺族をはじめ列席者の慰めのために行うものであるという認識が必要です。慰めと同時に、列席者が「いのちの源」である神を覚えることができたら感謝なことです。

キリスト教の葬儀では、前夜式、葬儀、納骨式、記念会などがあり、それぞれの場で語られる説教でも、上記のことを念頭に置いて語ることが大切です。

5　聖会、キャンプ、修養会説教

宿泊などをして、集中して聖書のメッセージを聴く機会です。基本的には一度だけのメッセージではなく、複数回のメッセージがあります。それらを一人の説教者が担当する場合と、複数の説教者で受け持つ場合があります。

多くの場合、掲げられた「テーマ」があり、一回一回の説教がテーマに沿った構成であること、全体でも一つの流れがあることが求められます。テーマに軸足を置いて、一回一回の聖書箇所を選ぶ場合もあれば、一つの書簡を取り上げて連続講解説教をすることもできます。主催者と、祈りつつ話し合って決めます。

6　年代別説教

会衆の年代がある程度はっきりしている場合は、その年代の特徴を理解して説教をすると、より効果的です。ただし会衆の関心に合わせすぎるのではなく、あくまで神が伝えたいと願っておられるメッセージを語ることが基本であり、そのうえで年代的な特徴を踏まえて、祈りつつ準備しましょう。

7　各集会説教

それぞれの集会の特徴を理解して語ることが必要です。祈祷会、早天祈祷会では、祈りに導く内容がよいでしょうし、定期集会ならば集会の目的を踏まえ、テーマを設定して連続講解説教を行うこともできます。

聖書研究会では、共に聖書から学びながら、最後にまとめのような説教をする場合もあるでしょう。その場合は、聖書研究のテキストから中心的な箇所を選び、テキスト説教のかたちで語れます。

家庭集会では、集会のコンセプトはさまざまでしょうが、たとえばノンクリスチャンを招いて行うならばキリスト教入門的なメッセージをしたり、定期的な集会ならシリーズ的な説教を行うと効果的です。

8　路傍伝道

駅周辺や公園などで、トラクトを配りながら行うことが多いでしょう。このような路傍伝道は、「コンセプトを明確にし、コンパクトにまとめ、インパクトをもって語る」ことが必要になります。救いの証しを入れて語ると効果的です。

9 マイク説教

ラジオ、テレフォン・メッセージなどをリスナーに聞いてもらう場合は、「聞きやすさ」、つまり「もっと聞きたい」という思いをもたせる内容であることが大切です。

最近ではインターネットで礼拝説教などを公開する教会も増えてきました。聖書のメッセージを臨場感とともに届けることができます。ただ、発信する側に面識のない視聴者から時に誤解される可能性もあります。内容としても、教会の内輪的なこと、個人的なことを語ることは難しく、本の引用、流す賛美、例話などは著作権の問題があるので、慎重に行うことが必要です。

10 礼典説教

聖餐式、洗礼式の前に短く説教をする場合もあれば、時に礼拝説教で礼典をテーマに語る場合もあるでしょう。講解説教でも、当該箇所から語ることができるでしょう。どの場合でも聖書テキストから神の意図をくみ取り、神学的な視点をしっかりとわきまえて語ります。

以上、さまざまな異なる状況でどのように説教を語るかを見てきました。どの場合も、「神が語りたいメッセージ」が土台であり、それを踏まえて「どのような場面か」、つまりその場の会衆の必要を覚えて祈りつつ準備し、語ることが必要です。

＊3、4、10の説教に関しては、所属する教団・教会が用いている「式文」を参照することをお勧めします。

Ⅳ　説教準備の基本

　私が初めて礼拝説教をしたのは十七歳の時でした（教会学校では十五歳から説教をしていましたが）。「はじめに」で記したように、私の母教会は「チャペル」と呼ばれる十六か所の伝道所で礼拝をしていました。ある時、週報に記された各チャペルの説教予定者の名前の中になんと私の名がありました。すぐに主任牧師に連絡すると、信徒説教者の学びがあるから来るようにと言われ、断るつもりで出かけました。しかし主任牧師は、「スポルジョン（英国の著名な説教者）は十代で説教した」と言い、同じ聖霊様が働いてくださると言うのです。今なら「スポルジョンはスポルジョン、私は私です」と答えるでしょうが、その時は「そうか」と納得しました。初めての説教は、尊敬する説教者の見よう見まねで行ったように記憶しています。

　その後、説教に関する本や説教集などを読み、さまざまなセミナーにも出席するようになりました。そのような中で、私にとっての説教準備の基礎作りが始まりました。教会スタッフをしながら二十四歳で入学した神学校で、基礎が固められました。二十七歳で牧師となり、二十年がたちますが、今でも五年に一度は自分の説教の在り方を吟味し、時に大きなモデルチェンジをすることもあります。しかし基本とすべきことがらをしっかり守ることが非常に大事であると実感しています。

ここでは説教準備の基本となる考え方、聖書解釈、心構えについて見ていきます。

説教と……

1　聖書と説教

最も良い説教は「聖書中心」であり、最も関心をもって、熱心に聞いておられるのは神であるということができるでしょう。神はご自身のことばとして私たちに聖書を与え、聖書を通して語りかけてくださいます。説教は、まさに神のことばである聖書を通して、神のメッセージが語られる時です。ですから説教者は、神の前に進み出るようにして、聖書から神のことばを聴き、会衆に届くことばで伝えることが求められます。神も聞いておられます。

説教ではみことばを正しく解釈し、宣教するだけではなく、現実の生活への適用（応答）を促す必要があります。みことばが生活の中で生きる時、会衆に希望と確信が与えられます。

聖書の正しい解釈と、実際の問題への適用が示され、その中心がキリストである時、真の説教となるのです。そのような説教が語られる時、説教者の年齢、学歴、経験などによらず、会衆は神のことばに傾聴します。

2　教会と説教

多くの場合、説教は教会の礼拝で語られます。第一部で述べたように礼拝での説教は神の選びと許可、そして教会からの委託によってなされます。みことばの説教は、教会が教会として立ち続け、成長・成熟に導かれるためになくてはならないものです。神が民に伝えたいメッセージが説教者を通して語られる時、教会はそのメッセージを受け止めて生きていきます。ですから説教には常に「教会的」な視点が必要です。

3　牧会と説教

教会の礼拝で語られる説教は、「牧会」的であることが求められています。もちろん牧会は、祈祷、カウンセリング、訪問など牧師のすべての営みによってなされるものですが、その中でも説教が非常に大事なものであることはいうまでもありません。他のことが忙しくて説教の準備がおろそかになれば、本末転倒といわざるをえません。牧師はそのことを自覚し、教会員にも伝えて、牧会における説教の重要性を受け止めて祈っていただく必要があります。

説教と聖書解釈

聖書解釈とは、聖書のことば・文章の意味・内容を理解し、解きほぐし、整理して説明することです。

現代における「この時・ここで」という適用を具体的に語るためにも、聖書が記された当時の「その時・そこで」の解釈を明確にします。

1　歴史的・文法的解釈

「その時・そこで」記された聖書のことばの意味や文意を知るためには、その当時の歴史的な理解が必要になってきます。同時に、聖書の原語であるヘブル語（旧約聖書）、ギリシア語（新約聖書）で聖書を読み、そこにある意味を釈義し、くみ取ることも必要です。語意を明確に理解するために、聖書語句の索引などを用いて関連箇所を読み、「聖書が聖書を解釈する」視点で調べます。さらに聖書辞典・聖書語句辞典、聖書の地理、歴史、文化、考古学に関する書を読み、聖書注解書を参考に、そのことばが当時どのような意味で用いられており、今日、どのような意味をもつのかという解釈に至るのです。

2　神学的解釈

歴史的・文法的解釈を基本とし、その聖書テキストにある神の意図、すなわち「聖書全体の中の、その箇所」の神学的テーマを明確にすることも必要です。神学的テーマが明確になれば、神論、人間論、キリスト論、聖霊論、救済論、教会論、終末論、および教理なども踏まえて、組織神学的な視点から神のご意思を語ることができます。そのような意味で説教は「神学的」であることが求められており、それによって適用が明確になります。また、説教は、教会にとって健全な神学的枠組みを明確にする時でもあります。

3　キリスト論的聖書解釈

神学的解釈の中でも、特に重要なのが「キリスト論的解釈」です。旧約聖書は突き詰めていえば「きたるべきメシア」について、新約聖書は「救いを成し遂げたメシア」について記されており、「キリストが中心」という視点で聖書を読み、解釈することが必要だからです。ただ、こじつけのような解釈（たとえば「赤」ということばをすぐに「キリストの血」の比喩と受け止めるような解釈）に陥らないように、聖書の文脈をしっかり理解したうえで、キリスト論的な視点をもって解釈することが大切です。

説教準備における心構え

1　神に聴く

説教者は、語る前にまず神のことばをしっかりと聴きます。聖書テキストを何度も何度も神に聴くように読み、そこから主題（神が語られる意図、テーマ）とその主意（神が導きたいと願っておられるゴール、適用）を受け止めます。

２　会衆に聴く

説教者が説教できるのは、神の選びと許可、そして教会の委託によることであり、神から聴いたことばを神の民に語るのですから、その備えにおいて神の民のために祈りつつ、みことばを聴くことが必要です。

３　現代に聴く

ことばは時代とともに変わっていきます。現代の会衆に伝わることばで神の意図を伝えることを心がけなければなりません。専門用語や、現代人を無視した表現、属している教団・教会に集う人にしか通用しないことばを工夫もせず、深く考えずに用いることは説教者として怠慢といえます。神のことばを語る者として誠実さが問われています。

説教は神の民に対して語るもので、そこには牧会的配慮が必要だと述べました。実際の準備において、歴史的・文法的解釈をして「その時・そこで」をしっかり捉え、そのうえで神学的解釈、特にキリスト論的解釈をすることで、「この時・ここで」を明確にします。説教者は会衆のために祈りつつ彼らの必要を神に聴き、現代のことばをよく聴いたうえで、「この時・ここで」の会衆に伝わることばで語る備えをするのです。

Ⅴ　説教準備の流れ

私は説教をさせていただくようになって三十年がたちますが、一回の説教の準備に四十時間を確保することをいつも心がけ、実践してきました。準備の流れとしては、聖書の熟読、原語釈義、黙想、アウトラインの素案作成、参考文献を読んで祈った後にアウトライン・結論・序論の決定、祈り、完全原稿第一案作成、何度も読み返して添削し、原稿を元にアウトラインの完成、パワーポイント原稿の作成、リハーサルを七回し、完全原稿完成、祈り（76頁以下で詳しく触れます）。ここまでで約四十時間。そして礼拝説教。

「どれくらい説教すれば、完全原稿を書かなくてもよくなりますか」「何年くらい説教すれば、準備の時間を短縮できますか」「準備を短縮するコツはありますか」などの質問を受けることがあります。しかし私は、おそらく完全原稿を書き続けるでしょうし、引退するまで四十時間が目安であり続けると思います。むしろ経験を重ねるにしたがって、より黙想したり、より文献に当たる必要性を感じると思います。

ここでは説教準備の土台となる生活、聖書テキストの選定、実際の準備の流れについて見ていきます。

説教準備の土台となる生活

１　神と共に生きる～ディボーション・ライフ

私たちは説教者である前に、まず一人の神の子、クリスチャンであることを自覚し、日々みことばと祈りによって神と交わる「ディボーション」をもつことが必要です。ディボーションは、私たちのためにひとり子の命をささげるまで愛してくださった神に対して、私たちも自分をささげるように応答する時です。朝など特定の時間に聖書を読み、神の愛を体験し、祈りをもって応答します。ディボーションで、「これは説教に使える」などと人に向けることを意図して聖書を読むことは危険です。意図はしていなくても、潜在意識でそのような思いをもってしまわないように祈りつつ、まず神が自分に語っておられることを聴き、そのみことばに生かされる生活をしたいものです。ディボーションは説教のためにするわけではないことは明らかですが、神と神のことばに生かされる生活が、私たちの人格、そして説教にも影響を与えることはいうまでもありません。ですから、ディボーションとは特定の時間の神との交わりだけではなく、その人の生活そのものであるといえます。

２　神の家族である教会の方々と交わり、祈って彼らの必要を知る

説教者は、教会という神の家族の一員です。教会の方々と接する機会をつくり、祈りながら、それぞれ

の必要に気づかせていただいて仕えることが大切です。日々神の家族のために祈るとともに、説教の準備の時も思いを馳せて祈るのです。もし説教者が、「人間」を忘れてしまうなら、どんなに知的・論理的に優れ、雄弁で美辞麗句を並べた完成度の高そうな説教であっても、薄っぺらなことばにすぎないといわざるをえません。私たちは神のみこころを伝えることを重要視すると同時に、伝える相手である会衆を覚え、彼らの必要を祈りつつ教えていただくことが必要なのです。

3　自分自身の養いのために聖書研究をする

もし説教のためだけに聖書の学びをするなら、説教者自身が枯渇してしまったり、視野が狭まったりする危険性があります。ですから、説教の準備のためだけではなく、自分自身の霊的養いのために学び続けることが必要です。自分で課題を挙げて、個人の学びを続けるのです。そして、それが後に説教に役立つ時がきます。私自身、神学校で学ぶ前から一つの伝道所で説教の奉仕をしていましたが、神学校の卒業後は自由に使える時間が増え、午前中は賛美と祈り、そして自分自身の聖書研究をするように努めました。卒業直後にエペソ書を連続講解説教していた頃は、自分自身の学びのために、使徒の働きの連続講解説教のレポートを一章ずつまとめました。それを説教することはありませんでしたが、十年後、使徒の働きの連続講解説教をした時に参考資料として役立ちました。また、この学びはその後、新約聖書の手紙の説教をするにあたり、土台となりました。その後も自分のための学びを続けています。

４　説教準備のための資料を集める

信仰書だけでなく、いろいろなジャンルの本を普段から買い集め（特にベストセラーや会衆の年代層が読みそうな本など）、計画的に読むとよいでしょう。私は、「読みたい本」「読まなければいけない本」「読んだほうがよい本」をローテーションで読んでいます。新聞や雑誌もお勧めします。読んだら、重要な箇所、例話で引用できそうな箇所に付箋をつけたり、内容を表にまとめたりすると役立ちます。また、過去に自分が行った説教も一覧にし、箇所、題、アウトライン、例話・証しなどを書いておくと、重複させることなく、バランスよく説教することができます。

説教者は、神と共に歩む中で、託された教会に対して何を語ることを神が願っておられるのか、教会に連なる方々の必要は何かを、祈りつつ知恵を頂きます。誤解してほしくないのは、これらの準備は「説教中心」ではなく、「神中心」に行うということです。神と、神から託されている教会を愛する思いで、説教のための備えをするのです。

聖書テキストの選定

説教は聖書から話すので、当然、その日の説教で用いる聖書箇所が必要になります。神が与えてくださっている聖書から、特にその日、神が語りたいと願っておられるテキストを祈りつつ選び、そこから神がご自身の民に語られるメッセージを取り次ぎます。

ですから、聖書テキストの選定においても大事なことは、会衆を覚えて祈りつつ、神が語りたいと願っておられることを聴き、「ここ」と思われる箇所（複数の箇所があるかもしれません）を何度も読み、祈りつつ選定することです。

定期的な説教では、一回一回、祈って決める場合もあるでしょうが、連続講解説教などのように計画を立てることもできます。テーマ説教の場合でも、シリーズ化して語れます。また、神から与えられた年間の標語となるみことばを念頭に聖書箇所を決めることもできます。副牧師、伝道師、神学生、信徒の方は、主任牧師と相談して選定することが必要です。

実際の説教準備の流れ

具体的な説教準備の流れを見ていきましょう。

① 聖書を熟読する（火曜）

●通常用いている聖書を何度も読む。

●原語であるヘブル語、ギリシア語で読み、釈義する。
●他の訳の聖書も読む。
＊初心者であれば、注解書でその書巻の緒論なども読むことを勧めます。

② **説教のアウトラインの素案を作成する**（火曜）
●熟読の結果、主題、主意、中心聖句を読み取る。
●本論をアウトライン化する（聖書テキストに基づいた区分・展開を書き出す）。
●結論を要約する（本論の展開のまとめとして、主題、主意、中心聖句に基づいて結論を簡潔にまとめる）。
●序論の構想（本論に入る切り口）を考える。

③ **注解書、参考書などを読む**（水曜）
●説教箇所に関する注解書を五冊以上読む。
●説教箇所の主題に関連する神学書を最低二、三冊読む。
●説教箇所に関する説教集を最低二、三冊読む（ＣＤ・ＤＶＤなどで実際の説教を聞くのもよい）。

④ **説教のアウトラインを完成する**（水曜）

●アウトラインの素案と読んだ参考文献に基づいて、アウトラインを決定する。
●序論で用いる内容を決定する。
●例話や証しを決め、アウトラインの中に組み入れる。

⑤ **教会員のために祈る**（水曜、木曜）
原稿を書く前に、改めて教会員の必要を覚えて、祈る。

⑥ **アウトラインをもとに原稿を作成する**（木曜）
説教全文を、祈りつつ、流れを考えながら書く。

⑦ **説教原稿を何度も読み直し、加筆する**（木曜、金曜）
●作成した説教原稿を印刷し、何度も読んで気づいたことを書き込む。
●改めて原稿に加筆し、ことばを整える。

⑧ **説教原稿から説教のアウトラインを作成する**（金曜）
原稿を書く前に作成したアウトラインと、完成した説教原稿に基づいて、もう一度、説教のアウトライ

ンを作成する。

＊この時、必要に応じてパワーポイントで用いるファイルを作成。

⑨ **説教のリハーサルを行う**（金曜、土曜）

●説教の原稿とアウトラインを用いて、リハーサルをする（パワーポイントを用いる場合は実際に操作する）。

●気づいたことを色ペンで原稿とアウトラインに書き込む。「ここは強調して」「大きな声で」「小さな声で」「ゆっくり」「間をとる」「この後の文章は会衆をしっかり見ながら」など（それらを意味するマークを決めておいて書き込んだり、蛍光ペンなどを用いてもよい）。

●理想は七回リハーサルを行い、本番はアウトラインを手元に置くだけで、会衆を見ながら説教できるように備える。

⑩ **祈って、備える**（土曜）

最終的に祈って、土曜日の夜はなるべく早く就寝する。

⑪ **説教前にもう一度イエスの十字架を仰ぎ見、神による情熱を頂いて、講壇に立つ**

礼拝の前に、主の御前に改めて進み出てしっかりと悔い改めの祈りをし、十字架の贖いを体験しつつ礼拝に臨む。礼拝説教の時以外は説教原稿を見ず、礼拝に集中する。

私自身が、神学校で学んでいた時から上記の流れで説教準備をしています（多少、変えたところはありますが）。ただ今の私は基本、①から⑧を三か月前には済ませているので、木曜・金曜で⑨を行い、⑩では二十一時前後に就寝し、翌朝五時前後に起きて祈るようにしています（七時から早朝礼拝があるため）。

ある牧師は夏などに長期の休暇を取り、一年分の説教スケジュールとアウトラインを作成するそうです。私はそこまではできませんが、毎年十月〜十一月に翌年の教会の方針に関して祈る中で、説教箇所と簡単なアウトラインを決めています。それを表にして、気がついた時に例話・証しなどを書き込んだりしています。「ぎりぎりのほうが力を発揮できる」と言う方もいるかもしれませんが、私はぎりぎりになると焦ってしまい、良くない結果になることが予想できるので、リスキーなことはしないようにしています。ぎりぎりでも「何とかなった」と思えても、実のところ「何とかした」のではないでしょうか。神が願っておられることを十分に聴かず、途中で切り上げて、自分で何とかしてしまうということです。

特に牧師は、来客、相談、葬儀など、突然入ってくる仕事が多いので、余裕をもって備えることが必要です。上記のことを参考に実践、調整を重ねながら、自分に合った準備の流れを確立しましょう。

VI　説教準備の実際

私は結婚して二十年以上たちますが、最初の十五年間で皿洗いをしたのは十回ほどで、家事はほとんどしませんでした。しかし十五年目に実家に引っ越して両親の介護を妻とするようになり、私も少しは家事をしようと思いました。ちょうど教会で「家庭を大切にする」という学びをしていたこともあり、妻と話し合って月曜日の夜は私が食事当番となりました。レパートリーも少しずつ増えてきたある日、妻から、「今までしなかったことをすると、気分転換になっていいでしょ。食事を作るようになってよかったでしょ」と言われました。私が素直に「気分転換になるかどうかはわからないけど、あなたが喜ぶ顔を見られたのは本当によかったと思う」と答えると、子どもに「はい、はい」と軽く流されてしまいました。食事を作るようになってよかったことのもう一つは、食事作りと説教の準備には共通点があり、いろいろな気づきがあったことです。

食事作りでは、何を材料にどう料理するか、日頃からイメージしておくと効率的です。説教の準備においても、説教の方向性と準備のプロセスを明確にし、日頃から意識しておけば、スムーズに取りかかれます。また、食事作りで大切だと思うのは、まず「おいしそう」と思ってもらい、食べ終わったら満足して幸せな気持ちになってもらうことです。説教でも、まず興味をもってもらい、神のことばを食してもらい、最後は神の恵みを実感しながら、信仰の一歩を踏み出してもらえるならすばらしいことです。

食事作りでは、焼く、煮る、炒める、漬けるなどの調理方法を使い分けますが、説教準備においても、説明する・説得する、たとえ・証しを話す、適用するなどの方法をふさわしく用います。また、和風、洋風、中華、イタリアンなどさまざまなスタイルの食事があるように、説教にも、説教者の個性、会衆や語られる状況によって求められる様式・スタイルがあるのです。

私自身、上記のことを思いながら、食事作りでも説教でも届ける相手の幸せを願い、祈りながら実践する大切さを教えられています。私が食事を作っていることと、妻に「あなたが喜ぶ顔を見ることができてよかった」と言ったことを妻が教会の人に話すと、「先生、素敵」と言われました。素敵かどうかはわかりませんが、「あなたが喜ぶ顔を見ることができて本当によかった」ということばは私自身の心に残り、これは神ご自身が私に語ってくださっていることばのように感じました。神は私の喜ぶ顔が見たくて、いつも最善を行ってくださいます。「本当に神様は素敵なお方だ！」と賛美せずにはいられません。私自身も神の喜ばれる御顔を見たい、神が喜ばれることを行いたいと心から願っていますし、説教もその一つです。祈りつつベストを尽くして説教するなら、神だけでなく、神の民も笑顔になり、神の愛があふれていくのです。そのようにして神にある幸せが、私たちが語らせていただく説教を通して広がっていくなら、それは本当に素敵なことです。

ここからはいよいよ説教準備の実践的な流れです。説教の構成の土台、それに基づいた構成作りの実践、さらに説教がより会衆に届くための展開の仕方、そして整えて語るための表現形式について見ていきます。

良い構成を作る土台

説教も一つの「作品」であるといえます。作品には、組み立てていく作業と手法があり、それを「構成」といいます。会衆がしっかりと受け止められるように、祈りつつ神から知恵を頂き、細心の配慮をもって説教の構成を組み立てることが大切です。

１　良い構成を作るための要素

①　一貫性～統一性

聖書テキスト、そして説教の中にある主題の本筋をつかみ、一つの流れで語ることが大切です。ポイントを幾つかに分けても（本書では三つのポイントで語ることを勧めます）、それらが一つの方向に流れていく一貫性と、「このことを伝えたい」というテーマの統一性が必要になってきます。

② 論理性〜配列

説教の構成が論理的に組み立てられて、配列が適切であるなら、非常に伝わりやすくなります。

●区分　アウトラインのかたちでいくつかのポイントを明確にします。本書では三つの大きなポイントと、それぞれをさらに三つの流れで展開することを勧めています。

●転移　序論から本論など次の話題に移る際は、前段のポイントをまとめつつ次のポイントと関連させるなど、つなぎのことばが重要になります。

●展開　伝えたいメッセージを明確にし、それが会衆にしっかりと伝わるように話を進めます。

●深化　展開とともに、聖書テキストにある重要な真理を掘り下げ、そこに隠されている宝を会衆が受け取れるように導きます。

③ 芸術性〜配分

「説教も一つの芸術作品である」と聞いたことがあります。いかに整えられた、バランスのとれた構成であるかに芸術性が問われています。どのポイントにどれだけ時間をかけるかの配分が適切であることが求められます。「聖書テキストのどこを重要ポイントとするか」「会衆に理解してもらうため特にどこを説明するか」などを踏まえて、展開・深化のポイント、時間配分などを、全体のバランスを考えて整えていきます。

たとえば本論を三つのポイントで話すなら、すべてを同じ時間配分にするというのではなく、全体の流れを考えてめりはりをつけた時間配分をするのです。一番目のポイントが長くなってしまったので、二と三のポイントを短くするなどはありがちなミスです。その場合は、一のポイントを再考すべきです。もちろん全体のバランスからあえて一のポイントを長くするのがよいと判断するなら、そこには「意図」があるので問題ありません。出たとこ勝負のような原稿ではなく、祈りつつ、最善を意図するという意味で、「計算され尽くした」原稿を準備したいものです（この点については後にもう少し詳しく取り上げます）。

2　良い構成を作るための論理的な流れ

説教をよりよく理解してもらうためには、「○○だから、△△」と納得いくように話を進める、用意周到な論理性が大切です。以下のような型があります。

①　過去・現在・未来

たとえば自分の救いの証しを語るならば、序論で信じる前の自分（過去）、本論でイエスを信じた時（現在）、結論で信じて生きている今とこれから（未来）を語ることができます。

説教の本論であれば、聖書が語られた当時の意味（過去）、そのみことばに従って生きる時に与えられる希望（未来）、その聖書のことばが今、私たちに語っているメッセージ（現在）という流れでも話せるでしょう。

別の切り口としては、テキスト箇所の登場人物がイエスと出会う前の状況（過去）、イエスと出会った時（現在）、その後の変化（未来）という構成もできます。

② 原因と結果

序論で問題となる原因について語り、本論ではどのようにすれば良い結果を神から頂くことができるかを聖書テキストから示し、結論で選択を促します。

本論でこの型を用いるなら、聖書テキストに出てくる問題の原因と結果（たとえば罪とその結果）について示し、解決を与えてくれる福音と、福音を信じて得られる結果について語れるでしょう。

③ 具体的なことから原則的なことへ

序論では日常生活で起きている具体的なことを示し、本論で聖書の原則を示します。結論でその原則に従って生きることを促します。

④ 原則的なことから具体的・日常的なことへ

逆に、序論で聖書の原則を示し、本論で聖書テキストからその詳細を示しつつ、具体的・日常的なことがらに関連づけて展開し、聖書の原則に従って日常生活を送るように促すこともできます。

⑤　問題意識から始めて解決へ

序論で私たちが日頃もちやすい問題を提起し、考えさせます。本論で聖書を説明しつつ、問題への解決を示し、解決に導いてくださる神に信頼して、自分のできるベストを尽くして生きるように促します。

⑥　質問から始めて解答へ

序論で会衆がもつような疑問を投げかけたり、あるいは事前に質問を聞いておきます。聖書テキストを説明する中で疑問を解きほぐしつつ、神による解答を明確にし、その答えにそって生きるよう導きます。

⑦　一つの真理を深めていく

序論で一つの真理を提示し、本論では聖書テキストからその真理について深め、しっかりと受け止め生きるように導きます。

⑧　一つの真理をいろいろな角度で示す

序論で一つの真理を提示します。本論では聖書テキストから、そのことについていろいろな角度から説明し、その真理に生きるよう導きます。

3　日頃からの訓練

論理的に物事を考えて表現するには、日々の訓練が生きてきます。そのために下記のことを提案します。

①　論理的に聖書を読む

聖書を読む際は、内容を観察するように、客観的に読むことを意識します。それができれば主観的、霊的な理解も深まり、神のみことばの中にある論理性を身につけることができます。

②　説教をノートに取る

ノートを取るとそのことでいっぱいになり、しっかりとメッセージを受け止めることができなくなるという人もいるでしょうが、私は基本的にノートを取るようにしています。ノートを取ったほうが理解しやすいのと、説教者の論理展開を学ぶことができるからです。

③　「なぜ?」という視点をもち、それに答える思考パターンを身につける

私は指導してくださった牧師からよく、「何かを決める時は『なぜ?』『これで本当によいのか?』と自問自答しなさい」と言われました。説教においても、原稿を何度も声に出して読み返し、「本当にこれでよいのか?」「論理的に通っているか?」と問う時間をもつようにしています。

良い構成作りの実際

1　序論の組み立て

①　序論の目的

本論を「家」にたとえるなら、序論は本論への「玄関」といえるでしょう。会衆が説教の本論という家の中に入り、そこで神のみことばに触れるために序論があります。会衆の心を神に、そして説教に開かせるために必要なものです。

●「聞きたい」という心を開かせる

一言で言うなら、「会衆の心をつかむ」ということです。神のことばはすべての会衆が必ず聞かなければならないものですが、人にはしっかりと聞けない弱さがあります。それが罪のせいであるなら悔い改めが必要ですが、「聞きたい」「聞きたくない」という心の揺れも無視できません。特にノンクリスチャンや救いの確信が不明確な人、精神的に不安定になっている人、霊肉が疲れている人の心は揺れ動きます。全員がそうではないにしても、礼拝の場にはさまざまな弱さや問題を抱えた人がいます。そのような人が顔を上げ、心を開くように、説教者としてベストを尽くすのです。「これから何を話すのだろうか」という興味を引くように、たとえば日常生活の身近な話から始めれば、関心をもって顔を上げ、心を開いて聞いてくれるでしょう。また、最初の挨拶について、「説教には必要ない」と言う方もいるようですが、会衆に顔を上げてもらい、アイコンタクトをとって心を通わせるという意味で、私は大事なものだと考えています。

●説教のテーマに集中させる

本論のテーマに関連した日常的な話から序論を始めると、会衆は興味・関心をもち、テーマに心が向かっていきます。説教者が念頭に置く主題（テーマ）と主意（ゴール）を会衆にも序論の段階で理解してもらえると、非常に語りやすくなります。

●説教の流れに加わるように導く

序論は説教の方向性を定め、一つの流れをつくります。会衆を、神の恵みを体験する聖書テキストの本流の中に導くものです。

② 実際的な序論

実際に序論を準備するにあたっては、下記のようなアプローチがあります。

●説教の主題に沿った内容

最も望ましいのは、聖書テキストから導き出された主題を示唆する内容で、かつ日常的な話題で生活感があり、できれば少しユーモアもある序論です。そこから主題を示すつなぎのことばを用いて本論に導き入れることができたら、その序論は十分役割を果たしたことになります。

●聖書テキストの文脈を理解させる内容

序論からいきなり聖書テキストの緒論など文脈理解から入る方法もありますが、それは本論の最初に入れて、テキストの文脈を理解してもらうためにユダヤ人の思考パターンや聖書の世界観を序論にすることもできます。たとえば聖書テキストの文脈理解に役立ちそうなユダヤ・ジョークなども効果的です。

●自分の経験や証し

本論と関係するような自分自身の経験（ユーモアのある自虐はよいですが、くれぐれも家族の失敗話などを家族の許可なく用いないように）を話すと、会衆はリラックスしつつ聖書テキストの世界に入ることができます。

●その説教が語られる事情やいきさつなどの説明を含んだ内容

特別な場合の説教、たとえば教会暦にしたがった説教、礼典執行の際の説教、それらに類する特別な集会での説教であれば、序論で何について語るかを明らかにしてから、本論に入ります。たとえばアドベント一週目にはアドベントの意味を説明し、それにふさわしい聖書テキストから説教すると、会衆はアドベントの意味を知り、自然と聖書テキストの流れの中に入っていきます。

●ニュースなどから展開する内容

私たちが生きる現代の風潮や実態、最近の出来事などを語り、本論で解決を語ることもできます。しかし、あまりセンセーショナルなことをすぐに取り上げるのは問題を引き起こす可能性もあります。前の週に流れたニュースが実は間違っていたということもあり、翌週の説教で訂正するようなことは避けなければなりません。また、ある特定の会社や団体に関しての良くない情報に基づいた内容から入る場合、関係者が会衆にいる可能性もあるので、慎重な吟味が必要です。

●日常生活でもつ疑問・質問を提示する内容

その日の聖書テキストが答えとなることを前提として、人々が日常生活でもつ疑問・質問から序論を始めます。多くの人が共感できる疑問・質問から始めれば、会衆は興味をもって説教の流れの中に身を置くことができます。

●社会や人間の弱さ、不道徳などの、人生の根本問題から展開する内容

世の中、人間の中にある根本的な問題を提起する序論を語り、本論においてその問題解決を示すと、会衆は納得しながら、説教を聞くことができます。

●説教前に歌った賛美歌などの説明

説教前に聖書テキストに関連した賛美歌を歌いますが、その曲が作られた背景などを説明して説教の主題とリンクさせます。賛美歌の制作秘話と主題の両方を理解でき、良い流れで本論に入ることができます。

●挨拶

挨拶と歓迎のことばからすぐに本論に入ります。「おはようございます。今日もみなさんと神様を賛美し、ご一緒にみことばから、神様のすばらしさを学べるのは本当にうれしいことです。今日のみことばは○○の○章○節です」といったかたちですが、これはあまりお勧めしません。どんな本論にでも用いることが

できますが、どの本論にもぴったりこない、とってつけたようなものになってしまうためです。

③　良い序論の条件

●主題との関連性が明確である

説教と関係がない、言い訳やつぶやきのような内容やただのジョークは意味がなく、かえって有害です。

●シンプルである

一つのポイントに絞り、説明が必要な話題は避け、なるべくわかりやすく、シンプルな序論であるべきです。ねらいが多すぎると会衆の集中力が落ち、説明に説明を加えるような内容だと訳がわからなくなり、本論の前に疲れてしまいます。

●リアリティーのある内容とことば

本論はどうしても聖書の説明が多くなるので、序論は説明調ではなく、リアリティーのある具体的な話にします。できれば会話調で、リラックスした雰囲気で語りましょう。

●積極的で明るい雰囲気づくり

最初から深刻な内容や消極的な話は避け、前向き・肯定的・積極的な内容と雰囲気をもたせるほうがよいでしょう。「とにかく明るく」という能天気な意味合いではなく、会衆がほほえみを浮かべるような明るさということです。

●本論という「家」にふさわしい「玄関」としての序論

前述したように、本論を家にたとえるなら、序論は家の玄関です。本論が立派なのに序論が貧弱ではアンバランスです。また、玄関がない家のような説教もいただけません。それでは会衆は家に入れず（説教を味わえず）、家の前で立ち尽くしているように、漠然と説教を聞いて終わってしまいます。非常に残念なことです。

●万全の準備をする

説教全体を完全原稿にすることが前提なので、序論ももちろん完全原稿を勧めます。「最初でその後が決まる」ともいわれるほど、序論でつまずかないのが必須です。時間の長さの目安は全体の七〜一〇％、三十分のメッセージなら二〜三分ほどがよいでしょう（二十分のメッセージなら一分半〜二分ほど）。

以上のことを踏まえて私がお勧めするのは、まず挨拶をし、顔を上げた会衆とアイコンタクトをし、主題を示唆する内容で生活感とユーモアのある話を用い、そこからつなぎのことばを用いて本論に入る序論です。序論の目的である「聞きたい」という心を開かせ、その心を主題に向けさせ、説教の流れに会衆を導くのです。そのためにも、主題との関連性を明確にしてシンプルでリアリティーのある内容とことばを用い、積極的で明るい雰囲気を意識して語りましょう。

くれぐれも「先週は忙しくて…、準備が不十分で…」というような言い訳やひとり言のような内容や、説教と関係のない話はしないようにしましょう。そういったことばはおそらく原稿には書かないはずです。序論も完全原稿にすれば、そうしたことを防げます。

2 本論の組み立て

① 本論の目的

会衆は序論という玄関を通り、説教と説教者、そして神に対して心を開き、聞く準備ができます。次は「理解・納得」の段階であり、これこそ本論の目的です。結論で「決心」に導くため、聖書テキストから神のメッセージをしっかりと理解し、「わかった！」と納得してもらうのです。

以前、あるアメリカ人宣教師がユーモアたっぷりに「日本語の『わかる』と『かわる』は平仮名にすると文字の順序を変えただけで似ていますが、日本人を見ていると、全く別の意味だと気づきました。『福音がわかった』と言うけれど、『かわる』ことをしませんね。それは本当に『わかる』ことではないのでしょうね」と言いました。少し皮肉のように感じましたが、納得しました。もちろん決心に導くのは神ご自身ですが、説教者も神のことばを託されている者として、そのためにベストを尽くします。会衆が頭で理解するだけでなく、心で、つまり霊的な意味で神のメッセージをしっかりと受け止めて納得できるように語ることが必要なのです。

●聖書テキストの意味を伝える

神のことばである聖書は、信仰と生活の唯一の規範です。その聖書テキストの意味を正しく語り、会衆が理解できるように導きます。そのためには説教者自身が、聖書釈義から始め、歴史的・文化的な背景、神学的なことがらをしっかり理解しておかなくてはなりません。そのテキストが記された時の、「その時・そこで」を正しく理解するということです。

説教者自身が聖書箇所と格闘して得た理解を、会衆に伝えて「納得・理解」に導くために必要になってくるのは、コミュニケーション力です。わかってもらうために、どのように伝えるかということです。もちろん内容を変えてしまったり、ことばを簡潔にしようとしすぎてテキスト本来の意味が損なわれたりすることのないよう細心の注意を払います。だからといって、神学用語や専門用語、「原語では…」といったことばを多用する語り方は、「わかってもらう」という姿勢が欠如しています。神のことばを正しく伝える前提で、その意味を変容させずに、会衆にわかることばで伝えることを絶えず意識しなければなりません。その意識が弱いと、自己満足な説教になりかねません。未熟な説教者は調べたことをすべて話したがりますが、説教は研究発表の場でも聖書講義の時でもありません。説教は、あくまで「説教」なのです。

●聖書テキストの主題、主意、中心聖句（鍵句）を伝える

聖書テキストの中心的ことがら、すなわちその箇所の主題、主意、中心聖句をしっかりと理解すること

によって、会衆は「決心」に導かれます。

・「主題」（テキスト・テーマ）は、序論・結論でも触れます。序論で、「今日のテーマは○○です」と提示したり、本論への玄関となる話をしたあと、まとめとしてテーマを示したりできます。そのうえで本論を展開すると、より理解を深めることができます。

・「主意」（テキスト・ゴール。具体的適用）は、結論の「決心」を導くものです。本論から結論に移行するところで、「神は今日の箇所を通して、○○を私たちに期待しておられるのではないでしょうか」と問いかけ、結論でさらにまとめることで、主意が会衆の心に残るでしょう。結論の中だけで提示するのではなく、本論でも触れておくことによって、より理解を深めることができます。

・「中心聖句（鍵句）」は、当然聖書テキスト内にあります。テキストの文脈の中でその意味を理解し、心に刻むことによって、説教も、主題も主意も心に残ります。暗唱聖句などで有名な箇所はそのことばだけ抜き取るかたちで理解されるおそれがあるので、前後の文脈を踏まえることが大切です。

●聖書テキストを通して、現代に生きる私たちに神が願っていることを伝える

説教者に必要なことは、聖書テキストが語られた当時の「その時・そこで」のことばを、「この時・ここで」という現代へのメッセージとして伝える視点です。この視点から神の真意を語ることを通して、現代に生きる私たちに対する神のメッセージが明らかにされるのです。

特にその箇所の中にある、私たちに対する神の愛、罪の問題、十字架による贖い、神の救いへの応答など重要な真理を現代という文脈の中で語り、聖書のことばのリアリティーを実感させると、「決心」への導きが具体的になっていきます。

② 実際的な本論

本論を組み立てるにあたっては、明確な構想が必要です。構想とは、ある物事について全体の内容・配置・形式などを組み立て、まとめることです。

「V 説教準備の流れ」でも述べましたが、まず聖書テキストを、通常用いている訳の聖書のほかに、原語と他の訳を用いて熟読する中で、主題（テキスト・テーマ）と主意（テキスト・ゴール）と中心聖句（鍵句）を明確にします。それに基づき、本論をアウトライン化します。つまり聖書テキストに基づいた区分・展開と、結論の要約（展開のまとめとしての結論）と、序論の構想（本論に入る切り口）をまとめるのです。その後、注解書や参考書などを読んで改めてアウトラインを決定し、例話や証しをその中に組み入れます。これが構想であり、説教のグランドデザインです。

ここで55頁の表を再掲します。

説教のグランドデザイン（全体の構造）

説教箇所
説教題
主題
主意
中心聖句
アウトライン
　序論
　本論
　　Ⅰ
　　　①
　　　②
　　　③
　　　　※どこかに例話もしくは証し
　　Ⅱ
　　　①
　　　②
　　　③
　　　　※どこかに例話もしくは証し
　　Ⅲ
　　　①
　　　②
　　　③
　　　　※どこかに例話もしくは証し
　結論
　　・本論のまとめ
　　・本論を網羅する例話か証し
　　・結語

前頁の表のアウトラインに基づいて原稿を書く際は、下記のことを念頭に置きましょう。

●方向性を明確にしたうえでのアウトライン作成

大きく三つのポイントを明確にし、各ポイントでも三つの流れで展開することを勧めています。これは三つ（もしくは九つ）のメッセージを伝えるという意味ではなく、あくまで一つのメッセージを明確にするために分けているのであり、すべてが同じ方向を指し示すものでなければなりません。

●アウトラインに基づいた展開

各ポイントで展開する三つの流れでは、聖書テキストの意味、そして真意、必要に応じて適用を明確にします。

●原稿を書く際は、話の流れを考えた接続詞を使用する

論理的な原稿を作成するためには接続詞を意識することが必要です。接続詞を効果的に用いることで、伝えたいことが明確になります。以下を参考にしてみてください。

・それまで論じてきたことをつなげ、さらに展開する

「ですから」「それで」「そのため」「そこで」「したがって」「ゆえに」「それゆえに」
「すると」「それなら」「それでは」……

・それまで論じてきたことを続けて話す

「また」「および」「かつ」「ならびに」「同じように」……

・それまで論じてきたことを、さらに説明する
「なぜなら」「というのは」……
・それまで論じてきたことにつけ加える
「そして」「それに」「それにしても」「それから」「しかも」「さらに」「そのうえ」「そのうえで」
「加えて」「それどころか」「そればかりか」「そればかりでなく」……
・それまで論じてきたことを言い換える
「つまり」「すなわち」「要するに」……
・それまで論じてきたことを覆す
「しかし」「しかしながら」「けれども」「ところが」「それなのに」「それにもかかわらず」
「それでも」……
・それまで論じてきたことに対比させる
「一方」「他方」「逆に」「反対に」……
・順番に論じる
「第一に、第二に、第三に」「一つ目は、二つ目は、三つ目は」
「最初に、次に、最後に（初めに、そのあとに、終わりに）」「まず、次に（また）、そして」……
・強調したい時

「特に」「とりわけ」「その中でも」……

・話題や状況を変える時

「それでは」「では」「ところで」「さて」……

以上のような接続詞は話の流れをよくし、会衆の理解を助けるので、賢く用いましょう。たとえば本論のアウトライン「Ⅰ　Ⅱ　Ⅲ」では、「一つ目は……。二つ目は……。三つ目は……」と語り、各ポイントの中で展開する「①　②　③」では、「まず……。また……。そして……」という接続詞を用います。④がある場合は「それとともに」とつなげられます。

少し気になる接続詞が「さて」です。「起承転結」の「転」などで用いると非常に効果的ですが、多用すると話がブチブチと切れて、流れを台なしにしてしまうことがあります。「さて」はここぞという時に用いるとよいでしょう。原稿を何度も読み直し、接続詞を工夫することで表現力がアップします。

③　良い本論を作る実例

●主題説教の場合

すでにテーマに即した聖書テキストが選ばれているので、そのテーマに沿ったアウトラインを作成します。たとえば「イエスと共に歩む人生」という主題（もしくは題）ならば、「イエスの前で罪を悔い改める」「イエスを信じる」「イエスに従って生きる」というアウトラインで展開できます。

●テキスト説教の場合

選定した二〜三節の聖書テキストを、文章が区切れるところで分けたり、また、テーマに沿ったポイントで分けたりすることができます（たとえばⅠテサロニケ５・16〜18なら、①いつも喜んでいなさい。②絶えず祈りなさい。③すべてのことにおいて感謝しなさい。［これが、キリスト・イエスにあって神があなたがたに望んでおられることです」と分けるなど）。

●講解説教の場合

・節を基準に分けることができます。たとえば十節くらいの聖書テキストなら、三〜四節ずつに分けてタイトルをつけます。各タイトルはその区分のテーマでもよいし、主題に沿う、全体からつけた小タイトル（小見出し）でもよいでしょう。

・論理展開に即して分けることもできます。必ずしも節の順に沿って展開するのではなく、説明をするのにわかりやすい流れで分けてもよいでしょう。

・テキストの主題に即して分けることもできます。テキストの中にあるテーマを明確にし、そのテーマに沿うようにアウトラインを選定、展開します（たとえばテキストが１〜10節の場合、「①は１〜３節、②は４〜６節、③は７〜10節」のように節を明示するのではなく、テキスト全体を三つのポイントで見ます）。

説教は会衆にわかることばで、わかる内容を、わかる流れで語ることが必要です。そのために本論では以上の明確な構成を意識しましょう。本論の長さの目安は全体の八〇~八六%で、三十分のメッセージなら二十四~二十六分ほどがよいでしょう(二十分のメッセージなら十六~十七分ほど)。

3 結論の組み立て

① 結論の目的

結論の目的は「決心」に導くことです。本論において明確になった、私たちへの神の思い(主意)に基づいて、会衆を決心に導きます。もちろん、決心に導くのは神ご自身であり、応答するのは会衆一人一人ですが、説教者は、神が願っておられる適用、応答を提示するのです。はっきりと適用を示す場合もあれば、説教全体の中で伝え、会衆がそれをくみ取るように導く場合もあるでしょう。前述した宣教師のことばでいえば、本論で神の御思いを「わかる」ように伝え、結論で「かわる」第一歩として決心に導きましょう。

●本論部から流れてくる結論として決心に導く

とってつけたような結論ではなく、本論から流れるメッセージの帰結としての適用であることが大切です。主題と主意が明確になっていないと、本論でどんなに良い展開ができても聖書の説明で終わってしまいます。本論の根底に流れる主題、主意をしっかりとくみ取り、その主意に基づいた決心に導きます。

●一般的なことから個人的なことへと展開し、その人が神の前に決心できるように導く

定住の牧師なら、教会に連なる一人一人のことをよく知っていることでしょう。教会員を覚えて祈る時、聖書テキストから、集う会衆に対して適切な適用が示されます。その結論は、説教者の願いではなく、神からのメッセージです。

●決心したことを表現できるように導く

会衆一人一人が神からのメッセージをしっかりと受け止め、それに生きることができるように、背中を押すことも必要です。個別に決心を促すということではなく、祈りの時、レスポンスカード記入、分かち合いなどを通して、それぞれが決心を表現できるように導きます。

② 結論を組み立てるうえでの留意点

結論は、会衆が本論のまとめと真意を頭で理解し、心にストンと落ちて一歩を踏み出すためになくてはならないものです。結論の留意点として以下のことが挙げられます。

●周到な準備を

私は基本的に完全原稿を書くことをお勧めしています。結論ももちろん全文書くことが前提です。本論を何度も読み返し、結論が妥当であるかを吟味してことばを整えます。

●本論をまとめて語る工夫

結論の最初に本論のまとめをする際、本論で用いたことばをそのまま用いてもよいのですが、内容は変えずに表現を変えて語ると、会衆は飽きずに興味をもち続けられて、さらに豊かな結論となります。

●応用する

本論で論じていたことを踏まえて、具体的なことがらで表現することです。本論でも伏線のように触れておくと、結論でより明確に語ることで会衆はメッセージを受け取りやすくなります。

●意思決定を促す

決断をするのは会衆の一人一人であり、それを導くのは神ですが、神は説教者を用いたいと願っておられます。神の導きの中で、会衆が信仰によって意思決定することを願い、祈りつつ、結論を準備しましょう。信仰による意思決定は、感性・理性、そして何よりも霊性のトータルな意味でなされることが必要です。「感情的になるのは問題ではないか?」という意見があるかもしれませんが、私の尊敬する牧師は、「感情をも神が喜ばれることに用いることができればすばらしい」とおっしゃいました。私も同感です。会衆が神の喜ばれることに感性・理性を用い、祈りの中で信仰によってメッセージを受け止め、決断できることを願いましょう。

●適切な長さ

結論の長さは序論と等しいことが目安で、結果的にそうなることが多いでしょう。序論という玄関を通って、本論という家を堪能し、結論をもってそれぞれの家庭・職場・学校・地域に派遣されていくのであり、そのバランス感覚が必要になってきます。

長さの目安は序論と同様、全体の七～一〇%。三十分のメッセージなら二～三分(二十分のメッセージなら一分半〜二分）がよいでしょう。

●変更する余地を残しておく

基本的には準備の時にしっかり祈り、聖霊の導きを受けつつ完全原稿にまとめます。「原稿を準備すると、聖霊様が十分に働くことを邪魔する」と原稿をしっかり書かない人もいるそうですが、聖霊は準備の時にも十分に働いてくださるお方です。上記のような言い訳で準備をしないのは問題外です。ただどんなに準備しても、時に説教直前、もしくは説教中に神があえて変更を求められる可能性があります。説教中も、祈り心をもって語ることが必要であり、神への従順が問われるでしょう。

●本論で展開していない、新しい真理を加えない

「起承転結」の「転」のように今まで語ってきたことをひっくり返す、もしくは違う角度で話すことは非常に興味をそそりますが、展開の仕方しだいでは、それまで語ってきたことを台なしにしてしまいます。説教者になって十年未満の初心者は「序論・本論・結論」のかたちが望ましいでしょう。

結論を「転」のように論じようとして、本論で扱っていなかった新しい真理を語ってしまったり、本論で引用していない他の聖書箇所を説明もなく、最後の名言のように用いたりするのは、結論として全くふさわしくありません。

●確信をもって語る

結論は、本論のまとめとして神からの適用が示される時であり、確信をもって語る必要があります。た

とえば本論で解釈が分かれる箇所や、断定できない時に「～と思います」と言うことはありますが、結論で「～と思います」という言い方を多用すると、会衆は説教者の確信を疑うようになります。何よりも説教者自身がみことばと祈りにおける確信が弱いゆえに「～と思います」ということばに逃げてしまうことがありえます。

③ 実際的な結論

●主題を踏まえた本論のまとめを語る

結論は本論から流れてくるものです。結論の最初で、主題・主意がきちんと含まれた本論のまとめを明確に語ると、説教者の言いたいことが十分に伝わります。

●主意に基づいた適用を語る

本論で語られてきた聖書テキストの主意を受けて、特に結語では主意に基づいた適用を語ります。

●具体的適用を語る

あくまで聖書テキストにある主意に立脚して、現代への適用をことばにすることが大切です。ただ聖書テキストによっては明確な適用を語るのが難しい場合もあります。だからといって、毎回適用がないとなると、それは「説教」というものを十分に理解していない説教者の問題です。会衆も「聞いて終わる」ことに問題を感じなくなってしまいかねません。

●牧会的配慮をする

弱っている人を慰め、立ち上がってみことばを実践できるように励ますという牧会的配慮が必要です。

●例話・証しを用いる

本論で語ってきたことを網羅し、その日の聖書テキストをイメージ化できる例話か証しを用いると、「その時・そこで」のテキストに、「この時・ここで」というリアリティーをもたせることができます。

●問いかけで終わる

主意に基づく適用を一人一人が祈りの中で考えることを意図して、結語を疑問形で終わらせることもできます。とても効果的ですが、あまりにも漠然とした問いかけだと焦点がぼやけてしまいます。

●賛美歌を歌う

その聖書テキストと関連する、特に主意、適用を含んでいる賛美歌を共に歌ったり、特別賛美をしていただくこともできます。

●聖書を読む

他の聖書箇所ではなく、その日の聖書テキストの中心聖句を読むと、さらに伝えたいメッセージとみことばが会衆の心に残ります。

●祈る

多くの説教は祈りで終えます。特に主意や牧会的配慮を踏まえた祈りをすることが多いでしょう。この祈りも出たとこ勝負ではなく、やはり入念な準備が必要です。時に祈りの中で会衆に説教してしまう人がいますが、そうなるともはや祈りではなくなってしまいます。

●黙祷

語られたみことばと向き合う時間をもつという点で有効です。黙祷に入る前に、主意に基づいた問いかけをしてもよいでしょう。

以上のことから結論は、主題を踏まえた本論のまとめ、本論を網羅する例話・証し、主意に基づいた結語で終わり、そして祈り・黙祷・賛美とつなげることをお勧めします。

説教がより届くための展開の仕方

説教におけるアウトラインは、体にたとえるなら骨のような役割であり、そこに肉と皮をつけていくことが必要です。展開とは肉づけであり、実際に説教を動かす力ということができます。

1　説明する

説教の準備において聖書テキストを懸命に調べる理由は、そのテキストの意味と真意を知り、意味を変えずに会衆のわかることばで説明するためです。時には間違った受け取られ方をしていると思われる箇所を取り上げて誤解を解くことも大切な説明です。みことばの真理を伝えるための説明は欠かせません。

①　聖書テキストの説明

●講解的説明

聖書箇所の中心的なことばや、その意味がわからなければ全体がわからないことばを、原語や歴史的背景から説明します。ここでは一つのことばを理解するのが目的ではなく、その箇所全体を理解することがゴールです。ですから、聖書箇所のすべてを説明するのではなく、どうしても必要なことがらに絞ります。それで聖書テキストを会衆に理解してもらえたなら、その説明は有効であったといえます。

●ダイジェスト

テレビドラマなどでは冒頭で前回のダイジェストが流れます。そのように連続講解説教の場合は、一分ほどで前回の内容を振り返ると効果的です。また、その日取り上げるテキストの登場人物について、一、二分ほどでダイジェスト的に説明すると、その人物から学べることについてより多くの時間を用いることができます。コツとしては、話すべきことをまず書き出し、ダイジェストとしてなくてはならないことだけを残す思いで削り、最後に論理的に筋が通っているかチェックし、全文を書くことです。

●ストーリーテリング

ストーリーテリングとは、昔話や童話の読み聞かせのように、文字どおり「物語」を「語る」ことです。

事実をただ提示するのではなく、物語として伝えることでより強い印象を与えることができます。特に聖書物語から説教する場合は、物語の主人公である神と、神の意図を明確に語ることが必要となってきます。また、物語として描写的な説明や登場人物の心の動きも語ることになりますが、解釈の幅を念頭に置いておくことが必要です。

② 説明するための具体的な方法

●最も簡単な説明の方法は「これはこういうことです」と明確な短い文章で定義づけることです。

●説明したいことがらと、混同されやすいことがらの違いを挙げて、説明したいことがらの本質を示します。

●内容を整理して、たとえば三つに分けて説明すると、会衆は覚えやすくなります。

③ 説明するうえでの留意点

●極力、専門用語は避け、一般的なことば、理解しやすいことばを用います。神学的な専門用語を、別の専門用語で説明するようなことは避けます。

●説明的なことばはどうしても硬くなりがちです。できるかぎり会話調の表現を用いると、躍動感が生まれ、「生きた話」を聞いているという感覚になるので、会衆の記憶に残りやすくなります。

●説明していて、さらにその説明が必要になるような内容は避けます。文章なら戻って読み返せますが、話している場合は後戻りができないので、複雑な説明は御法度です。

２　説得する

「なるほど。もっともだ」と会衆に納得してもらうための説明の延長が説得です。より具体的な内容が求められます。

①　説得する方法

●多くの人が納得しているところから始め、さらにそこにある真意にたどり着くことができるように話します。
●多くの人が疑問に思っている点や、その聖書テキストに関して間違った理解をしていることなどを挙げながら、正しい理解を示します。
●「論より証拠」というように、聖書のことばを信じて生きている私たちの姿と証しを語ります。それには非常に大きな説得力があります。

②　「説得」を用いるための留意点

●普段から論理的にものを考え、話すことができるように訓練しておく。

●会衆とボタンの掛け違いがあるところから出発しないように、会衆が理解しているところをしっかりと把握する。
●けんか腰や感情的にならずに、祈りつつ冷静に、論理的に話す。
●押しつけるような語り口ではなく、会衆自身が考えたり、神に聴いたりする余地を残す。
●表現が硬くなることを避け、会話調で話す。

3　適用する

説教においては、聖書テキストの主意に基づいた適用が語られます。それこそが「メッセージ」です。適用は、説教者が言いたいことではなく、その聖書テキストから神が会衆を導きたいと願っておられる内容でなければなりません。毎回の説教で必ず具体的な適用がなければならないとは言いきれませんが、説教者は神から示された適用を祈りつつ準備することが必要です。適用のない説教は「説明」で終わってしまい、それを「説教」と呼ぶことは難しいのです。

「聖書の説明をすれば、適用は聖霊様が一人一人に示してくださる」と言う人もいますが、同じ聖霊が説教者の準備の時も働き、適用を教え、語らせてくださるのです。ですから、適用を語らないというのは説教者の手抜きであるといわざるをえません。もちろんあえて適用を語らない説教もありますが、まれなことであると考えたほうがよいでしょう。

具体的に適用を語るうえでのポイントは以下です。
- 聖書テキストで神が最も伝えたいメッセージを焦点化・結晶化し、会衆がより理解しやすいことばで表現すること。
- 適用は、その聖書テキストの主意を踏まえて具体的に語ること。
- 信仰の一歩を踏み出させるように励ます思いで示すこと。

４　例話・証しで話をする

説明、説得、適用に有効な手段が、例話や証しです。決して話の「つけ足し」などではなく、真理を一瞬にして理解させる力があり、記憶にも残りやすく、何よりイエス様が用いられた手法でもあります。

①　例話・証しが必要な理由

- 内容を映像化でき、イメージしやすくする。
- 伝えたいメッセージを印象深くすることができる。
- 証しを通して、その聖書テキストが導きたい決断が伝わりやすい。
- 会衆が心地よい緊張感と、リラックスした思いをもてる。
- ユーモアも含んでいる話だと、会衆は口を開き、心も開く可能性が高い。

●説明が多いと、会衆は聴くことに疲れてしまう。例話・証しを用いることで、疲れずに真理を実感できる。

② 例話・証しの探し方

説教をより豊かにするための例話・証しを探す労力を惜しんではなりません。

●日常生活から

家庭、学校、職場、教会、家から駅への道、電車の中など、私たちの身の周りには例話の材料が転がっています。私は周りから「メモ魔」と呼ばれるほどで、いつでもメモを取り出せるようにしており、メモを手にテレビを見ることもしばしばです。生活感がある例話は説教者もリラックスして話すことができ、会衆もイメージしやすく、心を開いて聞いてくれます。

●経験から

実際に自分が経験したことを話すと、説得力が増します。

●自分の想像から

聖書の真理を説明する時に、現代風な見方をしてもらうために、説明の一環として自分で例話・小話を作るのもよいでしょう。

●人から

他の人の説教や、人を通して聞いた話を普段からメモに取っておき、引用したり、それに対する自分の感想などを話すこともできます。

●本から

信仰書だけでなくいろいろなジャンルの本を読むと例話の幅が広がり、会衆の多くが知っている本ならば共感を得られます。「そのように本を読むとよい」というサンプルをも提示することができます。

●例話集から

翻訳ものだと文化の違いがあるため説明が必要になったり、日本語のものでも、少し前に出版されたものだとやはり説明が必要になるので、そのまま用いるのは難しいでしょう。ただ、それらの本を読むことで「切り口」を学ぶことはできます。

●聖書から

聖書にある例話・証しを用いることもできます。ただし、その日の聖書テキストと異なる箇所だと、その内容も説明しなくてはならないので（説明せずに用いるのは論外です）、二つの説教をしているようになる可能性が高くなります。

③　例話・証しを用いるうえでの留意点

例話・証しは非常に有効ですが、使い方しだいでは問題もあります。会衆の心に「例話・証しだけが残る」という弊害です。そのため、「例話・証しは説教には必要ない」という意見もありますが、これもまた問題です。例話・証しを用いた良い説教を聞いたことがないために、出てくる意見だと思われます。

例話・証しの有無にかかわらず、私の経験上、癖の強い説教ではその癖ばかりが印象に残ってしまいがちです。原語の発音と説明を好む説教者の場合、「原語では…」という言い方とその発音だけが残ってメッセージが全く残らないということもありえます。つまり、問題は用い方なのです。そのために、以下のことが大切です。

●例話・証しは、説明・説得・適用の効果的な手段であることを忘れないこと。
●聖書テキストの本筋からそれるような例話・証しは用いないこと。
●多くの説明を要する例話・証しは用いないこと。
●おもしろくしたり、感動的にするために、話を大きくしないこと。
●自己顕示的な例話・証しは用いないこと。
●同じようなタイプの例話・証しを使いやすいので、いろいろなジャンルのバラエティーに富んだ例話・証しを用いること。
●必要に応じて、例話・証しの出所を明らかにすること。

例話・証しはあくまで、会衆に説教をより深く理解してもらうためのものです。ですから用いる数や時間には知恵が必要です。目安は全体の三〇％くらいで、三十分の説教の場合は本論の二十四～二十六分中の九分くらい（二十分の場合は、本論が十六〜十七分で、その中の六分）が妥当です。序論で用いる例話・証しや、結論で本論のまとめとして用いる例話・証しは、それぞれの目安時間内に収め、この九分は本論で用います。ただし九分をいっぺんに用いるのではなく、数回に分けるとよいでしょう。本論の三つのポイントで、それぞれ三分くらいずつ話すと効果的です。

説教をより豊かに整えて語るための表現形式

人にはそれぞれの個性がありますが、説教も、情熱的で会衆にチャレンジを与える説教、淡々と聖書を説き明かして納得させる説教、ユーモアに富んで会衆を元気にする説教、詩的で慰めを与える説教などさまざまなタイプがあります。それぞれ神が説教者に与えてくださっている賜物によりますが、自分がどのようなタイプかどれくらいの方が理解しているでしょうか。多くの方は、尊敬している説教者に似ていたり、学んだ環境の影響を受けたりしていますが、果たしてそれが本当に、神による「その人らしい」説教なのか、吟味することが必要です。

私自身、好んで聞く説教は、例話・証しは少なく、聖書テキストの釈義・解釈中心で適用のある説教です。しかし、私のタイプはそうではないようです。できるかぎり、いろいろなタイプにチャレンジしてみた結果、今のかたちに至りましたが、完成だとは全く思っていません。最期まで、説教者として成長させていただきたいと心から願っています。
どのようなタイプでも、伝えたいことを「明確に、生き生きと、心を潤す」表現で語ることが大切です。

1 「明確に」

① わかることば

説教するうえで、会衆にわかってもらうことはとても大事です。「内容」と「ことば」の両方においてわかってもらうことが必要ですが、「内容」に関してはイエスを信じ、従わないとわからないという「奥義」もあります。だからといって、「わからなくてもしかたない」と開き直らず、説教者は自分のできるベストを尽くすべきです。

しかし「ことば」においては未信者であっても伝わります。ですから、すべての人が理解できることばを用いるという配慮が必要なのです。神学用語、専門用語、原語を多用して、説教者の自己満足のような説教にならないよう気をつけます。説明は、説明調で話してしまいがちですが、書きことばではなく会話調を意識して原稿を書いておくと、ストレートな理解しやすいことばとなります。

② 「。」の多用

書きことばで原稿を書くと「、」(読点)で文章をつなぐことが多くなります。文章としては読み返せるので理解できますが、話しことばとしてはわかりづらくなります。説教では、なるべく各行ごとに「。」(句点)を用いることをお勧めします。たとえば「……ですが、……」と文をつなげるのではなく、「……です。」と一度閉じ、「しかし……」と前の文章をひっくり返したほうが、話しことばとしてインパクトがあり、聞き手も頭の中で整理しやすくなります。

③　ことばの工夫

強調したいことばを、表現を変えて繰り返す工夫をしましょう。同義語、類似語などを上手に用いて、他のことばを用いて伝えたいことばを重ねるのです。

また、接続詞を適切に用いることで、会衆が受け止めやすいように配慮します（100〜102頁参照）。①の「わかることば」でも触れたように、説明はどうしても説明調で行ってしまう傾向がありますが、例話・証しをできるかぎり会話調で話すことも、ことばの工夫として大切です。

2 「生き生きと」

①　確信をもって

説教は、神との親しい関係の深まりの実であるといえます。説教者は準備において原語を釈義し、さまざまな文献に当たって聖書テキストに関することがらを調べ、それをまとめて説教原稿を作成します。そこには神との親しい関係の深まりがあり、その中で「確信」が与えられるのです。その確信によって、必要以上に「思います」ということばに逃げることがなくなり、会衆に神のことばとその真意が生き生きと伝わっていくという実を見ることができます。

② 自分らしく

私たちを説教者として立ててくださった神は、私たちのパーソナリティーも用いられます。説教の切り口や、特に「ことば」においても、その人らしさがあります。その人らしいことばを用いる時、最もその人らしく語ることができるのです。それが特定の人にしかわからないことばであってはなりませんが、多くの人がわかることばで、なおかつ説教者自身が使い慣れたことばこそ「生き生きと」会衆の心に届きます。

③ なるべく覚えて

説教原稿ができたら、何度もリハーサルを繰り返し（できれば講壇に立ち、会衆がいることをイメージして実際に声を出して説教を行う）、ことばの微調整をしつつ、原稿を覚えます。本番ではアウトラインだけを見ながら話すと、会衆とアイコンタクトをとりながら、さらに「生き生きと」語ることができます。

３「心を潤す」

①　心のひだに触れる思索に富んだことば

ことばは、説教者の心の中にある思いの表現でもあり、説教者の思索が問われてきます。不用意なことばではなく、よく考えたうえで用いることばは会衆の心のひだに触れ、心を潤すことができます。

②　神に心を向かわせる前向きなことば

会衆が神を意識し、神に向かうために、できるかぎり前向き・積極的・肯定的なことばを用いましょう。最初は心が沈んでいたとしても、祈りの裏づけがある前向きなことばによって、会衆は神に向かい、神による潤いを体験することができます。

③　神との親しい関係からあふれる愛のことば

説教のことばは、神との親しい関係からあふれる実であり、イエスの愛によって表現されることばです。そのことばはイエスの愛を体験させ、会衆の心はイエスの愛で潤わされます。

Ⅶ　スキル・アップ

あるアスリートが練習中、よくコーチから「マキシマム」ということばをかけられていたそうです。「自分のできるベストを尽くせ」という意味だそうで、「練習でベストを尽くせない選手は、本番でもベストの力を出せない」というのがコーチの考えでした。「自分としてはやっているのに、なぜ」と思ったものの、何度も言われているうちに、「どこかで力を抜いているのではないか」と自己吟味するようになり、どんな時でもベストを尽くすことを心がけるようになったそうです。やがて大きな大会で優勝した時、心の中に響いていたのは、「マキシマム」ということばだったといいます。

私はこの話を聞いて、「私たちに誰よりも『マキシマム』と声をかけてくださるのは神である」と思いました。しかも神は単なる叱咤激励ではなく、私たちにベストを尽くす力さえも与えてくださるお方なのです。説教においても、神は「マキシマム」を体験させてくださいます。そのために私たちを用いてくださいます。

1　説教評価が必要な理由

神に祈りつつ準備し、行った説教に失敗はないといえますが、説教者は完全ではないので改善の余地はあります。それを明確にすることで、説教者として成長・成熟していくことができます。そのために、自分の行った説教を正しく評価する必要があります。

①　自分で評価する

自分の説教を評価することは非常に難しいものですが、自己吟味は必要です。そのために以下のことを行います。

●説教をビデオなどに撮り、客観的に見て、「説教評価表」を用いて評価します。
●説教した数日後に説教原稿を見て、その内容と、実際に説教した内容を吟味します。
●会衆の反応を真摯に受け止めます。

②　他の人に評価してもらう

●自分を客観的に評価するのはやはり限界があるので、信頼できる人に評価してもらいます。
●可能であれば、その人に霊的導き手（メンター）になっていただき、説教だけでなく、信仰者としての歩みを共にしていただくとよいでしょう。

●同じ箇所からなされた他の人の説教を見たり、読んだりして、改めて自分の説教を見てみます（説教前にも他の人の説教を見たほうがよいと思いますが、後に見るとより客観的に自分の説教を吟味することができます）。

③　他の人の説教を評価する

実際に礼拝説教などでこのことをすると、「神のメッセージを聞く」はずが評価が目的になってしまうので、別の機会をつくることが必要です。「説教批評」のために、インターネットでアップされている動画や販売されている説教動画を見て、「説教評価表」を用いて評価します。以下のような利点があります。

●基本的に、公にされている説教者の説教は完成度が高いので、良い参考となる。
●ただし完璧な人はいないので、改善点に気づくことによって、自身の改善点も客観的に見えてくる。
●さまざまな説教に触れることで、もう一度立ち止まって「説教とは」ということについて考えられる。

2　「説教評価表」について

この表を用いることで、評価する側は主観的・客観的に説教を評価することができます。また、評価される側も自分の説教について客観的に受け止めることができるので、より良い説教者として成長・成熟するチャンスが得られます。

①　序論

●会衆の興味と関心を喚起する…「もっと聞きたい」という思いに導いているか？
●主題を提示する…説教の玄関となっているか？
●方向性とムードをつくる…説教と説教者に心を開くように導いているか？

②　区分

●アウトラインが明確になっているか？
●そのアウトラインはしっかり聖書箇所に根ざしているか？（強引でないか？）
●そのアウトラインが明確に表現されているか？
●全体の構成として、「序論・本論・結論」「起承転結」「Ⅰ・Ⅱ・Ⅲ」などの組み立てが適切か？

③　展開

●聖書テキストへの忠実度…テキストが語ろうとしているメッセージを忠実に説教しているか？
●神学的健全性…聖書全体的な神学的視点をもち、聖書的な価値観に基づいているか？

●主題・主意の明瞭性…主題・主意の論旨が明瞭であり、一貫して語られているか?
●会衆への配慮…展開がスムーズで、しっかりと会衆に理解されているか?

④ **言語**

●適切で、明瞭か?
●品位があるか?
●工夫されているか?

⑤ **例話**

●説教の文脈の中で、適切か?(説教の内容と明確な関連性があるか?)
●しっかりとまとまっているか?(完全原稿でないと、余計な話をつけ加えてしまう可能性が高い)
●生き生きとし、イメージしやすいか?

⑥ **強調点**

●主題(テキスト・テーマ)が明確か?
●主意(テキスト・ゴール)が明確か?

●中心聖句（鍵句）が明確か？

⑦　**聖書解釈**

●用語研究…原語釈義をしっかりしているか？
●文脈理解…その箇所の前後、また、書簡全体の文脈を理解して語っているか？
●背景理解…聖書箇所の背後にある歴史的・文化的背景を理解して語っているか？
●神学的理解…聖書全体のその箇所という視点に基づき、神学的に健全か？

⑧　**態度**

●服装…説教する状況を踏まえて適切か？（清潔感があるか？）
●姿勢・表現・動作・視線・声調・発音・音量他…会衆が集中して聞くうえで問題はないか？
●雰囲気…会衆が「もっと聞きたい」という期待感をもつように語っているか？
●会衆とのコミュニケーション…原稿ばかり見ているのではなく、会衆とアイコンタクトをしているか？

⑨　**招き**

●真理の焦点化…聖書の真理を焦点化し、結晶化して示しているか？

●具体的な方法、手段の提示…牧会的配慮をもちながら適用を明確に示しているか？
●積極的行動への勧告…聖霊の助けによって適用を行動に移す導きを示しているか？

⑩　結論

●本論がしっかりとまとめられているか？
●本論を網羅する例話・証しから、適用のイメージがクリアにされているか？
●主意に基づいた適用が結語として語られているか？

★良かった点

●自分自身が参考にしたくなるような点は何か？
●説教者のキャラクターがどのようによく反映されていたか？
●三つ以上、挙げる。

★より良くするためのアドバイス

●否定ではなく、より良くするための愛をもって伝えるアドバイスを心がける。
●できるかぎり、明確に示す。

●三つ以上、挙げる。

★自分ならどのようなアウトラインで説教するか?

●説教題、テーマ、主意、鍵句などを書く。

●アウトラインを書く。

●結論を書く。

★点数のつけ方

①～⑩の項目は各10点満点。合計点の基準は、不可(59点以下)、可(60～69点)、良(70～79点)、優(80～89点)、秀(90点以上)

上記の項目の「説教評価表」を次頁に載せますので、活用してください。

説教評価表

総合点 ＿＿＿＿＿＿

説教者		主意	
説教題			
聖書箇所		中心聖句	
テーマ		対象	

※以下の 10 項目は各 10 点満点。（　）内に点数を記し、右欄に評価を具体的に記す。

1　序　論 （　　　）	
2　区　分 （　　　）	
3　展　開 （　　　）	
4　言　語 （　　　）	
5　例　話 （　　　）	
6　強調点 （　　　）	
7　聖書解釈 （　　　）	
8　態　度 （　　　）	
9　招　き （　　　）	
10　結　論 （　　　）	
良かった点	1. 2. 3.
より良くするためのアドバイス	1. 2. 3.
自分ならどのようなアウトラインで説教するか？	

年　　月　　日　採点者 ＿＿＿＿＿＿

おわりに

「説教学を教える教師が、必ずしも良い説教者とはかぎらない」ということばを聞いたことがありますが、それはまさに「自分のこと」と受け止めています。しかしプロスポーツの世界では、「優秀な選手が、必ずしも優秀な指導者になるわけではない」ともいわれます。裏返せば、「選手としては成功したように見えなくとも、指導者として頭角を現す人もいる」ということであり、かえって選手として苦闘した人こそ良い指導者になるという見方もできるでしょう。

そのような意味で私は、「はじめに」で記したように、尊敬する牧師の「良い説教をする以上に、人生を変える説教をするというビジョンをもちなさい」とのことばを覚えつつ、人生を変える神のことばを取り次ぐことを心から願い、苦悩しながらみことばの奉仕を重ねてきました。それとともに、人生が変えられていくみことばの取り次ぎ手の育成のために仕えています。

最後に、私自身が説教者として、また説教学を教える者として、日々心がけていることを紹介したいと思います。

1　基本に忠実であること

説教者である前に、神の前に一人のクリスチャン、神の子として、日々神と共に歩み、みことばに生かされ、生きていくことが必要です。そのうえで説教者として、説教の準備の手順をしっかりと踏み、神と格闘しつつ、備えます。説教の形（55頁の表のような構成）においても、基本を固める必要があります。

2　時に立ち止まること

クリスチャンとしてもそうですが、説教者としても、時を定めて立ち止まり、神に目を上げることが大切です。たとえば説教を終えた日曜日の夜、もしくは月曜日など、自分の説教を振り返り、感謝の祈りをささげたり、必要に応じて悔い改めたりしながら、より良い説教者としての成長・成熟を願って、神の取り扱いを受けます。

また、説教の形に関して基本に忠実であるとともに、より成長・成熟するために、他の説教者の説教を聞くことも大切です。説教集を読んだり、インターネットの説教動画を見たりするとよいでしょう。それらを通して恵まれることは一人のクリスチャンとしても大事ですし、説教者としての成長のモデルとなる人と出会うこともできます。その人の説教から、自分に必要なことを学び取ることも、大切な立ち止まりの時です。さらに数年に一度、「説教とは何か」ということを改めて考え、まとめることも必要でしょう。

3　神の栄光が現れることを願う

私たちには神から賜物が与えられており、それを用いる時、神のすばらしさが現されます。説教者は、その奉仕に必要な賜物が与えられています。説教のチャンスが与えられている人は、神の選びと許可、教会の委託があることを信じて、仕え続けていきましょう。基本に忠実でありつつ、モデルとする説教者の良い影響を受け、そのうえで、祈りつつ「自分らしさ」を神に教えていただき、与えられている賜物を用いていくのです。

説教の際は、神のすばらしさが現されることを願い、ベストを尽くすことです。私の尊敬する説教者は、イエスが隣にいるかのごとく、イエスのすばらしさを紹介するように説教されます。聴衆は、まさに説教者の隣にいるイエスを霊の目で見るようにみことばを聞くことができます。「自分はイエス様にスポットライトを浴びせる者だと思っている」とその方は言っていました。イエスが輝き出る説教です。

以上のことを心がけて、ぜひ説教の奉仕を続けていただきたいと心から願います。また、本書を定期的に読み、いつも基本に立ち返っていただければと願っています。

私が本書を書いたきっかけは、「自分の力不足」を強く感じたことがあったからです。ここ数年、いろいろな説教セミナーや説教に関する講義の奉仕をさせていただいていますが、語ったことの半分も受講者に届いていないのではないかと思い悩みました。「十七歳で礼拝説教を始めた頃の私なら、どのようなものがあると助かっただろうか」と考え、祈った結果、本書を書くことにしました。聖契神学校で神学生に教えている講義ノートを基に書きましたが、信徒の方でも本書を読んで説教の奉仕に当たっていただければと願っています。ある方にとっては初歩すぎるかもしれません。しかし、十七歳の頃の私には少し難しいかもしれないとも感じていますが…。

「むしろ、心の中でキリストを主とし、聖なる方としなさい。あなたがたのうちにある希望について説明を求める人には、だれにでも、いつでも弁明できる用意をしていなさい。ただし、柔和な心で、恐れつつ、健全な良心をもって弁明しなさい。そうすれば、キリストにあるあなたがたの善良な生き方をののしっている人たちが、あなたがたを悪く言ったことを恥じるでしょう」

（Ⅰペテロ3・15〜16）

いつもイエスを主としてあがめ、主のすばらしさがあふれ出ることを願いつつ、説教の備えをし、ベストを尽くして、主のメッセージを伝えさせていただきたいと心から願っています。

最後に、感謝のことばを申し上げたいと思います。

私に説教学を教えるチャンスを与え、常に励ましてくださる聖契神学校校長の関野祐二先生をはじめ、教師・スタッフの方々、授業で共に学んでくださるみなさんに。

十七歳の私を説教の奉仕に導き、指導してくださった村上隆一先生に。

設立以来、忍耐し、祈り、支え続けてくださる笹塚キリスト教会の愛する神の家族と、共に日々を歩んでくれる妻と四人の子どもたちに。

出版にあたりお世話になったいのちのことば社編集部、初期原稿を読んでアドバイスをくれた信仰の友、そして、本書を読んでくださった読者のみなさまに。

そしてなにより、私を救い、みことばを語るよう導き、ご自身の愛で満たして心を燃え続けさせてくださる神様に、心からの感謝をささげます。

二〇二一年四月

松原　智

参考文献

羽鳥明著『心に触れる説教とは』(いのちのことば社)
藤原導夫著『キリスト教説教入門』(いのちのことば社)
C・H・スポルジョン著、H・ティーリケ編、加藤常昭訳『説教学入門』(いのちのことば社)
村上宣道著『私の説教心得12カ条』(日本ホーリネス教団)

上記の四冊は、説教学の授業においてテキストとして用いてきたので、私自身、非常に多くの影響を受け、本書をまとめるにあたり、とても参考になりました。

そのほかにも参考とした多くの本の中から、一部を下記に紹介します。興味のある方は、ぜひお読みいただければと思います。

D・M・ロイドジョンズ著、小杉克己訳『説教と説教者』(いのちのことば社)
ハッドン・W・ロビンソン著、島田福安・島田礼子訳『講解説教入門』(いのちのことば社)
W・H・ウィリモン、R・リシャー編、加藤常昭、深田未来生 日本語版監修『世界説教・説教学事典』(日本基督教団出版局)

後藤光三著『説教学』（聖書図書刊行会）
綾部ヘンリー著『説教理論』（聖書同盟）
大江寛人著『百万人の説教レッスン』（日本教会新報社）
渡辺善太著『渡辺善太著作選11　聖書的説教とは？』（ヨベル）
加藤常昭著『説教への道―牧師と信徒のための説教学』（日本キリスト教団出版局）
平野克己監修『聖書を伝える極意　説教はこうして語られる』（キリスト新聞社）
平野克己『説教を知るキーワード』（日本キリスト教団出版局）
キャシー・ブラック著、川越敏司・飯野由里子・森壮也訳『癒しの説教学　障害者と相互依存の神学』（教文館）
大嶋重徳著『若者に届く説教　礼拝・CS・ユースキャンプ』（教文館）
内田和彦著『神の言葉である聖書』（近代文芸社）
ジョン・パイパー著、相崎恵美訳『なぜ説教の中心が神なのか』（Christ Bible Institute Press）

付　録（著者の説教原稿のアウトラインと完成原稿）

2012年4月2日　聖契神学校・入学式説教　アウトライン

説教箇所　マタイの福音書4：17～20

説教題「私たちの人生の総責任者であるイエス様」

主題　ペテロの召命

主意　人を造り変え、最善に導く神にすべてをゆだねる。

序論　吃音で人前で話すことが苦手だった私にチャレンジを与えてくれた担任の先生→イエス様

本論　今日は弟子たち、私たちに語りかけてくださっているイエス様のことばを共に見ていきましょう。

Ⅰ　神の国を与えてくださるイエス様
「悔い改めなさい。天の御国が近づいたから」

①公生涯のスタート

②「悔い改めなさい。天の御国が近づいたから」
→「天の御国」「神の国」

③神の国を体験するために必要なこと「悔い改めなさい」

〈証し〉救いの証し

Ⅱ　最善に導いてくださるイエス様
「わたしについて来なさい」

①「ご覧になった」（18節）→神の愛のまなざし

②「わたしについて来なさい」（19節）

③弟子として生きる応答

〈証し〉献身の証し

Ⅲ　造り変えてくださるイエス様
「人間をとる漁師にしてあげよう」

①「人間をとる漁師にしてあげよう」(19節)

②「してあげよう」〜「produce」→「創作の総責任者」

〈証し〉神学校入学から卒業までの証し

③「彼らはすぐに網を捨ててイエスに従った」(20節)

結論　イエス様こそ、私たちに神の国を与え、最善に導き、造り変えてくださるお方。

〈証し〉1996年4月の入学式でのことば

→私たちの人生の総責任者であるイエス様、みことばに信頼し、共に歩んでいきましょう。

二〇一二年四月二日　聖契神学校・入学式説教　完成原稿

説教箇所　マタイの福音書4章17〜20節
説教題　「私たちの人生の総責任者であるイエス様」
主題　ペテロの召命
主意　人を造り変え、最善に導く神にすべてをゆだねる。

序論　新入生のみなさん、ご入学おめでとうございます。みなさんはどんな思いで入学式に出席されているでしょうか？　私も十六年前の一九九六年四月、みなさんが座っている席についていました。その時、私は二十四歳で、神への期待に胸を膨らませていました。まさか自分が後に聖契神学校の入学式で説教をし、また説教学を教えるようになるとは想像もしていませんでした。なぜなら、私はもともと人前で話すことが苦手だったからです。私は幼い時から吃音で、人前で話すことをひたすら避けていました。学校の授業で先生が、「この問題わかる人、手を挙げて」と言っても、手を挙げませんでした。とはいえ、普段の学校生活では友達と楽しく会話していました。そのような状況を見ていた担任の先生が、小学四年生の私に一つのチャレンジを与えてくれました。秋の学芸発表会で行う劇の主役のオーディションを受けるようにというのです。「ありえない」と思いました。その劇は、ある国に外国のきこりが迷い込むところから始まります。主役はきこりで、舞台はきこりのことばが通じない国です。きこりは主役でありながら、劇の舞台となる国で人々がわからないことばを話します。みなが理解できないことばを話す、言い換えれば適当にことばを発すればよいのです。担任の先生は、普段、友達とは楽しそうに話している私が人前でも話せるようになるため、この劇の主役にトライすることを勧めてくれたのでした。私は見事オーディションに受かり、舞台で大きな声を出して主役を演じ切ることができました。その後は、少しずつですが人前で話すことが苦でなくなりました。私のことを愛の目をもって観察し、「ここ」というタイミングで声をかけ、チャレンジを与えてくれた先生が、私の人生に大きな変化のきっかけをつくってくださいました。しかしイエス様は、それ以上のお方です。愛をもって私を見つめ、語りかけ、神様のことばを人々の前で語ることができるように造り変えてくださいました。

イエス様はみなさんに対しても、愛をもって語りかけ、造り変えてくださるお方です。みなさんは、そのイエス様に応答する思いで聖契神学校に入学されたことでしょう。

本論　今日は、弟子たちに、そして私たちに対して語りかけてくださっているイエス様のことばを共に見ていきましょう。

Ⅰ　神の国を与えてくださるイエス様～「悔い改めなさい。天の御国が近づいたから」

①　神様は、私たちの救いのために御子イエス様を地上に遣わしてくださいました。成長したイエス様は3章を見ますと、バプテスマのヨハネから洗礼を受け、神様の祝福を受けられました。そして4章に入り、

荒野で悪魔の試みを受け、17節で福音宣教を開始されたことが記されています。

② 宣教の第一声は、「悔い改めなさい。天の御国が近づいたから」でした。「天の御国」「神の国」とはイエス様の愛があふれているところです。死んだあとに行く天国という意味だけでなく、イエス様を信じる時、私たちの心にも神様の愛があふれ、神の国が与えられます。イエス様を信じる交わりにも神の国が与えられます。イエス様は、神様の愛があふれる神の国を、信じる者に与えるというグッドニュースを語られました。

③ 神の国を体験するために必要なことが「悔い改めなさい」です。

↓私たちは神様に愛をもって造られ、「神様の愛を体験する中で、神様と人を愛し、愛し合う」目的が与えられました。しかしその愛なる神様に背を向け、「神様と人を愛する」よりも自己中心に生きることを選び、そのように生きてきました。それこそまさに罪なのです。罪があると、神様との関係が壊れてしまいます。

↓しかしイエス様は、この約三年半後、すべての人の罪を負って十字架の罰を受けてくださり、罪と悪魔の力を打ち破って三日目に復活なさいました。そして、ご自分を信じる者の罪を赦し、永遠のいのちを与えてくださるのです。永遠のいのちとは、イエス様を信じる時に与えられる神の子のいのち、死んでも天国に行くことのできる約束のいのち、地上でも「神様と人を愛する」神の子として成長していけるいのちです。永遠のいのちが与えられている者は、地上で神の国を体験できるのです。

↓私たちは自分の罪を悔い改めて、イエス様を救い主と信じる時に、永遠のいのちが与えられ、神の国を体験します。

〈証し〉私は小学二年から教会に行き始めました。五年生の時、「もっと神を知りたい」と思いイエス様を信じましたが、中学入学を機に神の存在を否定し始めました。しかし日曜に礼拝に通うことはやめませんでした。中学二年の十一月、そんな自分に葛藤を感じて、「これが最後だ」という思いで教会に行きました。その時の説教で、「あなたがたがわたしを選んだのではなく、わたしがあなたがたを選び、あなたがたを任命しました」（ヨハネ15・16）ということばを通して、イエス様の愛が心に迫ってきました。それまでは自分でイエス様を選んで信じたと思っていましたが、そうではなく、イエス様が私を愛し、選んでくださっていたことに初めて気がつきました。十字架の愛が心に迫り、その日、私は自分の中にある神を否定する罪を悔い改め、イエス様を信じました。

☆入学されたみなさんも、罪を悔い改め、イエス様を信じ、神の国を体験されていることでしょう。神学校での学びを通して、さらに神の国のすばらしさを体験することができるでしょう。

Ⅱ　最善に導いてくださるイエス様～「わたしについて来なさい」

①　18節を見ますと、イエス様はガリラヤ湖のほとりを歩き、そこにいたペテロとアンデレを「ご覧になった」とあります。イエス様はじっと愛のまなざしをもって二人を見、声をかけられました。

↓神様は私たちに対しても、「わたしの目には、あなたは高価で尊い。わたしはあなたを愛している」（イザヤ43・4）という愛のまなざしを向け、聖書のことばを通して語りかけてくださいます。

② そしてイエス様は、「わたしについて来なさい」と語りかけられました。これはあとについていく、つまりイエス様を主として信じ、イエス様と共に生きることへの招きです。イエス様の弟子になり、従って生きることへの招きです。

↓イエス様は私たちに、ご自分に従うことを願っておられます。私たちに救いを与え、最善に導いてくださるイエス様に信頼することが、イエス様の弟子として生きていくということです。

↓イエス様を信じた日から、私たちはいわばイエス様に弟子入りします。弟子は師匠の言うことを聴き、師匠の影響を受けていきます。私たちはイエス様と共に歩む中で、イエス様の愛の姿に似せられていくのです。

③ 弟子たちは主と共に歩む中で愛の影響を受け、イエス様による最善を体験していきました。

↓イエス様を信じることはゴールではなく、弟子としての歩みのスタートです。その歩みは一生涯、続いていきます。イエス様に従い、共に歩み続けます。聖書を聴くように読むことを通して神様のみこころを知り、応答する思いでイエス様の御名によって祈り、神様との親しい関係を深めていくのです。その時、私たちはイエス様の愛の影響を受け、「神様と人を愛し、愛し合う」者として成長していくことができます。

〈証し〉私は中学二年の時に救いの確信を与えられ、高校一年の時に受洗しました。そして、「将来、牧師になりたい」という思いをもつようになりましたが、高校三年になる春、属している福音伝道教団の聖会に出席した時、「牧師として生きていくなんて私には無理だ」という思いが生じ、献身の招きに応えられませんでした。しかし、そんな私とも主は共にいてくださるという慰めが与えられ、約一週間後、ディボーションの時に一つのことばが心に響いてきました。それは、「まだ若い、と言うな。わたしがあなたを遣わすすべてのところへ行き、わたしがあなたに命じるすべてのことを語れ。彼らの顔を恐れるな。わたしがあなたとともにいて、あなたを救い出すからだ。――主のことば」（エレミヤ1・7～8）でした。このみことばを何度も何度も読んでいますと、主が私の弱さをすべて受け入れたうえで、牧師として用いたいと願っておられるという確信が与えられました。この献身の召命のみことばが、私の人生を変えました。まさに神様は愛をもって語りかけ、ご自身の子として親しく交わり、神様の使命に生きることができるように私たちを造り変え、整えてくださるお方です。この後は、実際に牧師として立ち上がる時期を祈りつつ待つことにしました。高校卒業後、教育に関心があったので、大学で初等教育と養護教育を専攻しました。神様は、ことあるごとに聖書のことばを通して私に語りかけてくださいました。

☆入学されたみなさんも、みことばに応答する思いで、神様による最善を信じて、一歩を踏み出されたことと思います。神様はなおもみなさんに語りかけ、最善に導き、神様が喜ばれる者に造り変えてくださいます。

Ⅲ　造り変えてくださるイエス様～「人間をとる漁師にしてあげよう」

①　イエス様は「人間をとる漁師にしてあげよう」とペテロたちに語りかけられました。人々をイエス様のもとに連れてくる働き、人々に主の救いと神の国を体験させる働きに、彼らを用いるという招きでした。

②　「してあげよう」には、「produce」という意味があります。「創作する、製作する」という意味で、名詞にすると「producer」、つまり「創作の総責任者」です。イエス様こそ、私たちの人生の「創作の総責任者」です。神様に愛され、罪赦された神の子としてくださり、神様の愛があふれる神の国を心にもつ者として、生き生きと喜びにあふれて生きるように「produce」してくださるお方なのです。

〈**証し**〉大学卒業後、臨時教員となり、教会では信徒リーダーとして教会に仕えていました。一九九五年八月、祈っている時に、「わたしの思いは、あなたがたの思いと異なり、わたしの道は、あなたがたの道と異なるからだ。――主のことば――天が地よりも高いように、わたしの道は、あなたがたの道よりも高く、わたしの思いは、あなたがたの思いよりも高い」（イザヤ55・8～9）とのみことばを通して、主の前に悔い改めつつ、自分の願いや計画という握りしめていた思いを差し出しました。その約一か月後の九月から教会スタッフとして働き始め、十一月、高校三年生の時に与えられたエレミヤ1・7～8の召命のみことばが再び心の中で響き始めました。「さあ、あなたは腰に帯を締めて立ち上がり、わたしがあなたに命じるすべてのことを語れ」（エレミヤ1・17）のみことばによって、「今が、牧師として立ち上がる時である」との確信が与えられ、翌年一九九六年四月、教会スタッフをしながら聖契神学校に入学しました。一九九八年七月に結婚し、一九九九年三月に聖契神学校を卒業して、四月から現在仕えている笹塚キリスト教会を設立し、牧師となりました。神様は聖書のことばを通して語りかけ、私を造り変え、人生をプロデュースしてくださいました。

↓イエス様は、私たちを造り変えて人生をプロデュースしてくださいますが、そのために必要なことは、「わたしについて来なさい」との招きに応答すること、つまりイエス様を信じ、従うことです。その時、イエス様は確かに責任をとって、私たちの人生の総責任者として導いてくださいます。

③そして20節、「彼らはすぐに網を捨ててイエスに従った」のです。彼らは「すぐに」思いきってイエス様についていく決心をしました。全く悩まなかったとは思えません。しかし自分をイエス様にかけました。「網」は彼らの仕事道具であり、いちばん大事なものといえるでしょう。それを捨てて「従った」のです。網以上に、最も大事な自分自身を差し出し、思いきってイエス様と共に生きることを選びました。その決断を通して、彼らは神様の愛があふれる神の国を体験し、神様による最善に導かれ、御手の中で愛の姿に造り変えられていきました。

↓私たちは、どのようにイエス様のことばに応答することができるでしょうか？　イエス様は私たちのために十字架にかかり、復活してくださいました。イエス様の愛に応答する思いで、自分自身を差し出すことが大切です。その時、イエス様は私たちの人生に必ずすばらしいことを行ってくださいます。

↓神学校に入学したこと自体が、イエス様の愛に対する応答です。イエス様はみなさんに対して、神様の愛があふれる神の国を体験させ、最善に導き、御手の中で愛の姿に造り変えてくださるでしょう。
☆イエス様は責任をもって、みなさんの人生をプロデュースしてくださいます。そのためにも、イエス様とイエス様のことばを信じて、従っていくことが必要です。

結論　イエス様は、神の国を与えてくださるお方です。神の国とは神様の愛のあふれているところであり、神の国に招き入れられた人には永遠のいのちが与えられます。それは、私たちが罪を悔い改めてイエス様を信じる時に与えられます。またイエス様は、信じる者を最善に導いてくださるお方です。そのためには、イエス様についていくこと、従うことが求められています。イエス様のことばを聴き、祈りつつ共に歩んでいくのです。そしてイエス様は、私たちを造り変えてくださるお方です。信じる者の人生を「produce」し、「創作の総責任者」として導いてくださいます。私たちには、自分が握りしめているものを手放し、イエス様の弟子として、日々主と共に歩むことが求められています。
〈**証し**〉冒頭でもお話ししましたが、私は一九九六年四月に本校に入学しました。入学式で当時の校長が、「自分は何かを知っていると思う人がいたら、その人は、知るべきほどのことをまだ知らないのです」（Iコリント8・2）とのみことばを開いてくださいました。その時、神様は私の中にあった傲慢な思いを指摘してくださいました。十七歳の時から伝道所の礼拝で説教をし、入学する前年に教会のフルタイムのスタッフとして伝道所の責任をもっていたことが、私のプライドになっていたのです。神様はそんな傲慢な私を砕いて、謙遜な働き人にするためこの神学校に導いてくださったのだ、という確信が与えられました。そして確かに、三年間を通して神様は私を取り扱ってくださいました。

↓神様はみなさんに対しても、これから始まる神学校生活を通して、神様の愛があふれる神の国を体験させ、神様による最善に導き、御手の中で愛の姿に造り変えてくださることでしょう。なぜならイエス様こそ最高のライフ・プロデューサー、人生の総責任者だからです。イエス様のみことばに信頼して、イエス様と共に歩んでいきましょう。

お祈りしましょう。天の父なる神様。あなたの聖なる御名を心より賛美いたします。あなたの恵みと導きの中で、本日、聖契神学校の入学式を行わせてくださり、心から感謝いたします。今日、入学されたお一人お一人を祝福してください。神学校生活においてさまざまなことがあると思いますが、その中でも神様の愛があふれる神の国と、神様による最善、そして神様の御手の中で造り変えられる体験をすることができるように導いてください。あなたがお一人お一人の人生の総責任者として導いてくださることを信じて、救い主イエス様のお名前を通してお祈りいたします。アーメン。

松原 智（まつばら さとる）

1972年生まれ。福音伝道教団福音キリスト教会の伝道所で、17歳から信徒説教者として礼拝説教の担当を始める。大学卒業後に教員を務めた後、教会スタッフとなり、聖契神学校で学ぶ。卒業後、1999年4月に笹塚キリスト教会を設立し、牧師となる。2010年から聖契神学校で「説教学A」を担当。

心を燃やす説教を目指して
基礎的知識と準備の実際

2021年4月25日発行
2021年8月25日再刷

著 者 松原 智
発 売 いのちのことば社
〒164-0001 東京都中野区中野2-1-5
電話 03-5341-6923（編集）
03-5341-6920（営業）
FAX03-5341-6921
e-mail:support@wlpm.or.jp
https://www.wlpm.or.jp/

ISBN978-4-264-04260-0